英文版

Chinese 300

汉语300句

北京语言大学 编

华语教学出版社
SINOLINGUA

First Edition	1984
Second Edition	1986
Third Edition	2008
Fourth Edition	2010

ISBN 978-7-80200-396-5
Copyright 2010 by Sinolingua
Published by Sinolingua
24 Baiwanzhuang Road, Beijing 100037, China
Tel:(86)10-68320585
Fax:(86)10-68326333
http://www.sinolingua.com.cn
E-mail:hyjx@sinolingua.com.cn
Printed by Beijing Songyuan Printing Co. Ltd.

Printed in the People's Republic of China

前言

《汉语300句》是为外国学生短期学习汉语而编写的,可供初学者或掌握了近一千汉语词汇的学生,作为基础教材或听说练习材料。

本书取材侧重于生活口语,学生可从学习日常生活用语开始,较快开口,逐步提高听说能力,以求达到短期速成的目的。

全书三十课,尽量包括一个外国人生活在中国可能遇到的各个方面。每课有基本句子十个及替换练习、口语对话、生词翻译和补充词语五部分。为便于初学者学习,基本句子及生词、补充词语部分有英文翻译。

全书三百个基本句子中,包括汉语的一些基本句型,学生在学习常用口语会话的同时,能掌握一定的汉语规律。

本书编者张亚军、毛成栋。

Foreword

Chinese 300 has been designed to help students who take short courses in Chinese. It may be used either as a basic textbook or a practice book for listening and speaking by beginners or those who have mastered about 1,000 Chinese words.

The book focuses on everyday conversational Chinese and is task oriented. Students will be able to speak more and more as they learn and gradually improve their listening and speaking abilities.

The 30 lessons cover almost every situation that a foreigner living in China may encounter. Each lesson consists of five parts:10 basic sentences, substitution drills, dialogues,new words, and supplementary words and expressions. For the convenience of the beginner students, all the basic sentences, new and supplementary words and expressions are provided with their equivalents in English.

The 300 sentence patterns selected include basic sentence patterns that will help students learn the rules of the Chinese language, in addition to gaining an understanding of their conversational usage.

The book has been compiled by Zhang Yajun and Mao Chengdong.

目 录

- 一、问 候 / 1
- 二、问姓名 / 7
- 三、谈语言 / 13
- 四、谈家庭 / 19
- 五、问地址 / 25
- 六、问物品 / 31
- 七、问日期和时间 / 37
- 八、打电话 / 43
- 九、在商店(上) / 50
- 十、在商店(下) / 57
- 十一、在饭馆 / 65
- 十二、问 路 / 73
- 十三、在公共汽车上 / 81
- 十四、理 发 / 88
- 十五、看 病 / 95

- 十六、在洗衣店 / 103
- 十七、换 钱 / 111
- 十八、在外文书店 / 117
- 十九、在邮局 / 125
- 二十、在图书馆 / 132
- 二十一、在照相馆 / 139
- 二十二、游览北京 / 146
- 二十三、看电视 / 153
- 二十四、看京剧 / 160
- 二十五、看电影 / 168
- 二十六、去外地旅行 / 174
- 二十七、买火车票 / 181
- 二十八、谈学习收获 / 189
- 二十九、收拾行装 / 197
- 三十、机场送行 / 206

Contents

Greetings / 1

Asking About Someone's Name / 7

Talking About Language / 13

Talking About Family / 19

Asking About Addresses / 25

Asking About Things / 31

Asking About Dates and Times / 37

Making a Telephone Call / 43

At a Shop (1) / 50

At a Shop (2) / 57

At a Restaurant / 65

Asking the Way / 73

On a Bus / 81

Getting a Haircut / 88

Seeing a Doctor / 95

At a Laundry / 103

Changing Money / 111

At a Foreign Languages Bookstore / 117

At a Post Office / 125

At a Library / 132

At a Photo Studio / 139

Sightseeing in Beijing / 146

Watching TV / 153

Watching Peking Opera / 160

Seeing a Film / 168

Travelling Outside Beijing / 174

Buying Train Tickets / 181

Talking About What Has Been Learnt / 189

Packing Up / 197

Seeing Someone Off at the Airport / 206

问 候 Greetings

句子 Sentences

1. 你好!
   Nǐ hǎo!
   Good morning (afternoon, evening)! (How do you do? How are you?)

2. 怎么样啊?
   Zěnmeyàng a?
   How are things?

3. 你身体好吗?
   Nǐ shēntǐ hǎo ma?
   How are you?

4. 很好。
   Hěn hǎo.
   Very well, thank you.

5. 你呢?
   Nǐ ne?
   And you?

6. 我也很好。
   Wǒ yě hěn hǎo.
   I am very well, too.

7. 你忙吗?
   Nǐ máng ma?
   Are you busy with your work?

8. 不忙。
   Bù máng.
   Not very busy.

9. 谢谢。
   Xièxie.
   Thanks.

10. 再见。
    Zàijiàn.
    Goodbye.

替换练习 Substitution Drills

1. 〔你〕好!
   您 / 你们 / 老师 / 同学们

2. 〔 〕怎么样〔 〕?
   你 / 您 / 你们 / 他 / 老师 / 同学们   啊

3. 〔你〕身体好吗?
   您 / 他 / 老师

4. 〔 〕很好!
   我 / 他 / 我们 / 他们

5. 〔你〕忙吗?
   您 / 你们 / 他 / 老师

6. 谢谢〔 〕。
   你 / 您 / 你们 / 老师

1 问候

对话① Dialogues

甲：你好！
Nǐ hǎo!

乙：你好！
Nǐ hǎo!

甲：怎么样啊？
Zěnmeyàng a?

乙：很好。
Hěn hǎo.

甲：你身体好吗？
Nǐ shēntǐ hǎo ma?

乙：好，谢谢。你呢？
Hǎo, xièxie. Nǐ ne?

甲：我也很好。
Wǒ yě hěn hǎo.

乙：你忙吗？
Nǐ máng ma?

甲：不忙。
Bù máng.

乙：再见。
Zàijiàn.

甲：再见。
Zàijiàn.

对话② Dialogues

甲：老师好!
Lǎoshī hǎo!

乙：同学们好!
Tóngxuémen hǎo!

甲：您身体好吗?
Nín shēntǐ hǎo ma?

乙：我很好,谢谢。你们怎么样啊?
Wǒ hěn hǎo, xièxie. Nǐmen zěnmeyàng a?

甲：我们很好。
Wǒmen hěn hǎo.

乙：你们忙吗?
Nǐmen máng ma?

甲：我们不忙。
Wǒmen bù máng.

乙：再见。
Zàijiàn.

甲：再见。
Zàijiàn.

1 问候

生词 New Words

1. 你好		nǐ hǎo	How do you do? How are you?
2. 怎么样	(代)	zěnmeyàng	how
3. 啊	(助)	a	(a modal particle)
4. 你	(代)	nǐ	you (singular)
5. 身体	(名)	shēntǐ	body; health
6. 好	(形)	hǎo	good
7. 吗	(助)	ma	(an interrogative particle)
8. 很	(副)	hěn	very
9. 你呢		nǐ ne	and you
10. 我	(代)	wǒ	I; me
11. 也	(副)	yě	also; too
12. 忙	(形)	máng	busy
13. 不	(副)	bù	not
14. 谢谢	(动)	xièxie	to thank
15. 再见		zàijiàn	goodbye
16. 您	(代)	nín	you (polite form)
17. 你们	(代)	nǐmen	you (plural)
18. 老师	(名)	lǎoshī	teacher
19. 同学们	(名)	tóngxuémen	students
20. 他	(代)	tā	he; him
21. 他们	(代)	tāmen	they; them

补充词语 Supplementary Words and Expressions

1. 再会。
   Zàihuì.　　　　　Goodbye.

2. 明天见。
   Míngtiān jiàn.　　See you tomorrow.

3. 一会儿见。
   Yíhuìr jiàn.　　　See you soon.

4. 回头见。
   Huítóu jiàn.　　　See you later.

5. 不谢。
   Bú xiè.　　　　　Not at all. (a reply to "thank you")

问姓名 Asking About Someone's Name

● 句子 Sentences

11. 您贵姓？
    Nín guìxìng?
    What is your surname?

12. 我姓王。
    Wǒ xìng Wáng.
    My surname is Wang.

13. 您叫什么名字？
    Nín jiào shénme míngzi?
    What is your given name?

14. 我叫王丽。
    Wǒ jiào Wáng Lì.
    I'm Wang Li.

15. 他(她)是谁？
    Tā shì shuí?
    Who's he (she)?

16. 他(她)是刘老师。
    Tā shì Liú lǎoshī.
    He's (She's) Mr (Ms) Liu, our teacher.

17. 她是格林夫人吗？
    Tā shì Gélín fūren ma?
    Is she Mrs Green?

18. 不，她不是格林夫人。
    Bù, tā bú shì Gélín fūren.
    No, she isn't.

19. 对不起。
    Duìbuqǐ.
    Sorry.

20. 没关系。
    Méi guānxi.
    It doesn't matter.

● 替换练习 Substitution Drills

1. 〔您〕贵姓?
   你 / 老师,您 / 同志,您

2. 〔您〕叫什么名字?
   你 / 他 / 老师,您 / 同志,您

3. 他是〔刘老师〕。
   张同志 / 王先生 / 学生 / 我的朋友 / 安东尼

4. 她是〔格林夫人〕吗?
   (她是不是〔格林夫人〕?她是〔格林夫人〕不是?)
   张老师 / 你的朋友 / 学生 / 王先生

● 对 话① Dialogues

甲:您贵姓?
Nín guìxìng?

乙:我姓王。
Wǒ xìng Wáng.

甲:您叫什么名字?
Nín jiào shénme míngzi?

2 问姓名

乙：我叫王丽。
Wǒ jiào Wáng Lì.

甲：他是谁?
Tā shì shuí?

乙：他是刘老师。
Tā shì Liú lǎoshī.

甲：她是格林夫人吗?
Tā shì Gélín fūren ma?

乙：不,她不是格林夫人。
Bù, tā bú shì Gélín fūren.

甲：对不起。
Duìbuqǐ.

乙：没关系。
Méi guānxi.

甲：你好!
Nǐ hǎo!

乙：你好!
Nǐ hǎo!

● 对 话 ② Dialogues

甲：你是……
Nǐ shì...

乙：我是安东尼,您贵姓?
Wǒ shì Āndōngní, nín guìxìng?

甲：我姓张。
Wǒ xìng Zhāng.

乙：你叫什么名字？
Nǐ jiào shénme míngzi?

甲：我叫张平。
Wǒ jiào Zhāng Píng.

乙：张平先生，他是谁？
Zhāng Píng xiānsheng, tā shì shuí?

甲：他是刘先生。
Tā shì Liú xiānsheng.

乙：他是不是老师？
Tā shì-bushì lǎoshī?

甲：他不是老师，他是学生。
Tā bú shì lǎoshī, tā shì xuésheng.

乙：他叫什么名字？
Tā jiào shénme míngzi?

甲：他叫刘云。
Tā jiào Liú Yún.

乙：谢谢你。
Xièxie nǐ.

甲：不客气。
Bú kèqi.

乙：再见。
Zàijiàn.

2 问姓名

甲：再见。
　　Zàijiàn.

生词　New Words

1. 贵姓			guìxìng	your surname
2. 姓	(动)		xìng	surname
3. 叫	(动)		jiào	to call; to be called
4. 什么	(代)		shénme	what
5. 名字	(名)		míngzi	given name
6. 是	(动)		shì	to be
7. 谁	(代)		shuí	who
8. 夫人	(名)		fūren	Mrs; madam
9. 对不起			duìbuqǐ	sorry
10. 没关系			méi guānxi	It doesn't matter.
11. 先生	(名)		xiānsheng	Mr; sir; gentleman
12. 的	(助)		de	of
13. 朋友	(名)		péngyou	friend
14. 学生	(名)		xuésheng	student
15. 客气	(形)		kèqi	polite; formal

补充词语 Supplementary Words and Expressions

1. 太对不起了。
   Tài duìbuqǐ le.   Awfully sorry.

2. 十分抱歉。
   Shífēn bàoqiàn.   Very sorry.

3. 请您原谅。
   Qǐng nín yuánliàng.   Beg your pardon.

4. 没啥。
   Méi shá.   It's nothing.

5. 不必介意。
   Bú bì jièyì.   Never mind.

3 谈语言
Talking About Language

● 句 子 Sentences

21. 你是哪国人？
    Nǐ shì nǎ guó rén?
    Which country are you from?

22. 我是英国人。
    Wǒ shì Yīngguórén.
    I'm British.

23. 你会法语吗？
    Nǐ huì Fǎyǔ ma?
    Can you speak French?

24. 我不会法语。
    Wǒ bú huì Fǎyǔ.
    No, I can't.

25. 你会不会中文？
    Nǐ huì-buhuì Zhōngwén?
    Do you know Chinese?

26. 我会一点儿。
    Wǒ huì yìdiǎnr.
    I know a little.

27. 你能看中文书吗？
    Nǐ néng kàn Zhōngwén shū ma?
    Can you read Chinese books?

28. 我能看，不能说。
    Wǒ néng kàn, bù néng shuō.
    I can read Chinese, but I can't speak it.

29. 我说中文，你懂不懂？
    Wǒ shuō Zhōngwén, nǐ dǒng-budǒng?
    Can you understand me if I speak Chinese?

30. 请你慢一点儿说。
    Qǐng nǐ màn yìdiǎnr shuō.
    Please speak slowly.

替换练习 Substitution Drills

1. 我是〔英国人〕。
   中国人 / 法国人 / 美国人 / 德国人 / 日本人

2. 你会〔英文〕吗?
   (你会不会〔英文〕? 你会〔英文〕不会?)
   中文 / 法文 / 日文 / 意大利文

3. 你能看〔中文书〕吗?
   (你能不能看〔中文〕书? 你能看〔中文书〕不能?)
   中文报 / 法文杂志

4. 我说〔中文〕,你懂〔不懂〕?
   英文 ◉ 吗

对话① Dialogues

甲:你是哪国人?
Nǐ shì nǎ guó rén?

乙:我是英国人。
Wǒ shì Yīngguórén.

3 谈语言

甲：你会法文吗?
Nǐ huì Fǎwén ma?

乙：我不会法文。
Wǒ bú huì Fǎwén.

甲：你会中文吗?
Nǐ huì Zhōngwén ma?

乙：我会一点儿。
Wǒ huì yìdiǎnr.

甲：你能看中文书吗?
Nǐ néng kàn Zhōngwén shū ma?

乙：我能看，不能说。
Wǒ néng kàn, bù néng shuō.

甲：我说中文你懂不懂?
Wǒ shuō Zhōngwén nǐ dǒng-budǒng?

乙：什么? 请你慢一点儿说。
Shénme? Qǐng nǐ màn yìdiǎnr shuō.

甲：我说中文你懂不懂?
Wǒ shuō Zhōngwén nǐ dǒng-budǒng?

乙：我懂。
Wǒ dǒng.

● 对 话 ② Dialogues

甲：您好!
Nín hǎo!

乙：您好!
Nín hǎo!

甲：您叫什么名字?
Nín jiào shénme míngzi?

乙：我叫杰克。
Wǒ jiào Jiékè.

甲：您是美国人吗?
Nín shì Měiguórén ma?

乙：我不是美国人。
Wǒ bú shì Měiguórén.

甲：对不起。
Duìbuqǐ.

乙：没关系。
Méi guānxi.

甲：您是哪国人?
Nín shì nǎ guó rén?

乙：我是法国人。
Wǒ shì Fǎguórén.

甲：您会不会英文?
Nín huì-buhuì Yīngwén?

乙：我会一点儿。
Wǒ huì yìdiǎnr.

甲：您能不能看英文书?
Nín néng-bunéng kàn Yīngwén shū?

乙：不能。
　　Bù néng.

● 生词　New Words

1. 哪国人		nǎ guó rén	What's your nationality?
2. 英国	(专名)	Yīngguó	Britain
3. 会	(动)	huì	can; to know how to do sth.
4. 英文	(名)	Yīngwén	English
5. 一点儿	(数量)	yìdiǎnr	a little
6. 能	(助动)	néng	can; to be able to
7. 看	(动)	kàn	to read; to look at
8. 中文	(名)	Zhōngwén	Chinese
9. 书	(名)	shū	book
10. 说	(动)	shuō	to speak
11. 懂	(动)	dǒng	to understand; to know
12. 请	(动)	qǐng	to ask
13. 慢	(形)	màn	slow
14. 中国	(专名)	Zhōngguó	China
15. 法国	(专名)	Fǎguó	France
16. 美国	(专名)	Měiguó	the United States
17. 德国	(专名)	Déguó	Germany
18. 日本	(专名)	Rìběn	Japan
19. 法文	(名)	Fǎwén	French

20. 日文	（名）	Rìwén	Japanese
21. 意大利文	（名）	Yìdàlìwén	Italian
22. 报	（名）	bào	newspaper
23. 杂志	（名）	zázhì	magazine

补充词语 Supplementary Words and Expressions

1. 中文你说得很好。
   Zhōngwén nǐ shuōde hěn hǎo.
   You speak Chinese very well.

2. 我刚开始学中文。
   Wǒ gāng kāishǐ xué Zhōngwén.
   I have just begun to learn Chinese.

3. 我的发音不好。
   Wǒ de fāyīn bù hǎo.
   My pronunciation is not very good.

4. 请你再说一遍。
   Qǐng nǐ zài shuō yí biàn.   Please say it again.

5. 我没听懂。
   Wǒ méi tīngdǒng.   I didn't catch what you said.

谈家庭
Talking About Family

● 句子 Sentences

31. 请进!
    Qǐng jìn!
    Come in, please!

32. 请坐!
    Qǐng zuò!
    Sit down, please!

33. 你的家在哪儿?
    Nǐ de jiā zài nǎr?
    Where is your home?

34. 我的家在伦敦。
    Wǒ de jiā zài Lúndūn.
    My home is in London.

35. 你家有什么人?
    Nǐ jiā yǒu shénme rén?
    How many people are there in your family?

36. 我家有父亲、母亲和妹妹。
    Wǒ jiā yǒu fùqin, mǔqin hé mèimei.
    My father, my mother and my sister are in my family.

37. 你有哥哥吗?
    Nǐ yǒu gēge ma?
    Do you have any brothers?

38. 我没有哥哥。
    Wǒ méiyǒu gēge.
    I don't have any brothers.

39. 你父亲在哪儿工作?
    Nǐ fùqin zài nǎr gōngzuò?
    Where does your father work?

40. 我父亲在银行工作。
    Wǒ fùqin zài yínháng gōngzuò.
    My father works in a bank.

替换练习 Substitution Drills

1. 请〔进〕!
   坐 / 喝茶 / 你念

2. 我的家在〔伦敦〕。
   美国 / 北京 / 维也纳

3. 你有〔哥哥〕吗?
   (我有〔哥哥〕。我没有〔哥哥〕。
   书 / 报 / 钢笔 / 本子

4. 他在〔银行〕工作。
   中国 / 伦敦 / 大学 / 工厂

对话① Dialogues

甲:请进!
Qǐng jìn!

乙:你好!
Nǐ hǎo!

甲:你好!请坐。
Nǐ hǎo! Qǐng zuò!

4 谈家庭

乙：谢谢。你的家在哪儿？
Xièxie. Nǐ de jiā zài nǎr?

甲：我的家在伦敦。
Wǒ de jiā zài Lúndūn.

乙：你家有什么人？
Nǐ jiā yǒu shénme rén?

甲：我家有父亲、母亲和妹妹。
Wǒ jiā yǒu fùqin, mǔqin hé mèimei.

乙：你有哥哥吗？
Nǐ yǒu gēge ma?

甲：我没有哥哥。
Wǒ méiyǒu gēge.

乙：你父亲在哪儿工作？
Nǐ fùqin zài nǎr gōngzuò?

甲：我父亲在银行工作。
Wǒ fùqin zài yínháng gōngzuò.

对话② Dialogues

甲：请进！你好！
Qǐng jìn! Nǐ hǎo!

乙：你好！怎么样啊？
Nǐ hǎo! Zěnmeyàng a?

甲：很好，请坐！
Hěn hǎo, qǐng zuò!

乙：谢谢。
Xièxie.

甲：你的家在伦敦吗?
Nǐ de jiā zài Lúndūn ma?

乙：不，我的家不在伦敦，在利物浦。
Bù, wǒ de jiā bú zài Lúndūn, zài Lìwùpǔ.

甲：你家有什么人?
Nǐ jiā yǒu shénme rén?

乙：我家有父亲和母亲。
Wǒ jiā yǒu fùqin hé mǔqin.

甲：你有没有妹妹?
Nǐ yǒu-meiyǒu mèimei?

乙：有。
Yǒu.

甲：你父亲在哪儿工作?
Nǐ fùqin zài nǎr gōngzuò?

乙：他在银行工作。
Tā zài yínháng gōngzuò.

甲：你母亲也在银行工作吗?
Nǐ mǔqin yě zài yínháng gōngzuò ma?

乙：不，她在大学工作。
Bù, tā zài dàxué gōngzuò.

4 谈家庭

生词 New Words

1. 进	(动)	jìn	to enter; to come in
2. 坐	(动)	zuò	to sit
3. 在	(动)	zài	to be in (at)
4. 哪儿	(代)	nǎr	where
5. 伦敦	(专名)	Lúndūn	London
6. 有	(动)	yǒu	to have
7. 父亲	(名)	fùqin	father
8. 母亲	(名)	mǔqin	mother
9. 和	(连)	hé	and
10. 妹妹	(名)	mèimei	younger sister
11. 哥哥	(名)	gēge	elder brother
12. 没	(副)	méi	not; no
13. 工作	(动)	gōngzuò	to work
14. 银行	(名)	yínháng	bank
15. 喝	(动)	hē	to drink
16. 茶	(名)	chá	tea
17. 念	(动)	niàn	to read
18. 利物浦	(专名)	Lìwùpǔ	Liverpool
19. 钢笔	(名)	gāngbǐ	pen
20. 本子	(名)	běnzi	notebook
21. 大学	(名)	dàxué	university
22. 工厂	(名)	gōngchǎng	factory

补充词语 Supplementary Words and Expressions

1. 你从哪儿来?
   Nǐ cóng nǎr lái?   Where do you come from?

2. 我从伦敦来。
   Wǒ cóng Lúndūn lái.   I come from London.

3. 请喝茶。
   Qǐng hē chá.   Have a cup of tea.

4. 请打开书。
   Qǐng dǎkāi shū.   Please open your book.

5. 姐姐 (名)
   jiějie   elder sister

6. 弟弟 (名)
   dìdi   younger brother

7. 爱人 (名)
   àiren   wife; husband

8. 您结婚了吗?
   Nín jiéhūn le ma?   Are you married?

9. 您有几个孩子?
   Nín yǒu jǐ ge háizi?   How many children do you have?

5 问地址
Asking About Addresses

句子 Sentences

41. 你在哪儿学习中文?
    Nǐ zài nǎr xuéxí Zhōngwén?
    Where do you study Chinese?

42. 我在北京语言大学学习中文。
    Wǒ zài Běijīng Yǔyán Dàxué xuéxí Zhōngwén.
    I study Chinese at Beijing Language and Culture University.

43. 你住几号楼?
    Nǐ zhù jǐ hào lóu?
    Which building do you live in?

44. 我住九号楼。
    Wǒ zhù jiǔ hào lóu.
    I live in Building 9.

45. 你住几层?
    Nǐ zhù jǐ céng?
    Which floor do you live on?

46. 我住三层。
    Wǒ zhù sān céng.
    I live on the third floor.

47. 你的房间是多少号?
    Nǐ de fángjiān shì duōshao hào?
    What's your room number?

48. 我的房间是314号。
    Wǒ de fángjiān shì sān-yāo-sì hào.
    My room number is 314.

49. 你的房间住几个人?
    Nǐ de fángjiān zhù jǐ ge rén?
    How many roommates do you have?

50. 我的房间住两个人。
    Wǒ de fángjiān zhù liǎng ge rén.
    Two of us share the place.

● 替换练习 Substitution Drills

1. 我在〔北京语言大学〕学习中文。
   北京大学 / 伦敦大学 / 中国

2. 我住〔九〕号楼。
   一 / 二 / 三 / 四 / 五 / 六 / 七 / 八 / 九 / 十
   十一 / 十二 / 二十 / 二十一 / 二十二 / 三十 /
   五十 / 九十 / 一百

3. 〔我的〕房间是314号。
   你的 / 他的 / 我们的 / 你们的 / 他们的 / 老师的

4. 我的房间住〔两个人〕。
   三个人 / 四个同学

● 对话① Dialogues

甲：你在哪儿学习中文？
Nǐ zài nǎr xuéxí Zhōngwén?

乙：我在北京语言大学学习中文。
Wǒ zài Běijīng Yǔyán Dàxué xuéxí Zhōngwén.

甲：你住几号楼？
Nǐ zhù jǐ hào lóu?

5 问地址

乙：我住九号楼。
Wǒ zhù jiǔ hào lóu.

甲：你住几层？
Nǐ zhù jǐ céng?

乙：我住三层。
Wǒ zhù sān céng.

甲：你的房间是多少号？
Nǐ de fángjiān shì duōshao hào?

乙：我的房间是314号。
Wǒ de fángjiān shì sān-yāo-sì hào.

甲：你的房间住几个人？
Nǐ de fángjiān zhù jǐ ge rén?

乙：我的房间住两个人。
Wǒ de fángjiān zhù liǎng ge rén.

● 对话② Dialogues

甲：你好！
Nǐ hǎo!

乙：你好！
Nǐ hǎo!

甲：你学习中文吗？
Nǐ xuéxí Zhōngwén ma?

乙：我学习中文。
Wǒ xuéxí Zhōngwén.

甲：你在哪儿学习中文？
Nǐ zài nǎr xuéxí Zhōngwén?

乙：我在北京语言大学学习中文。
Wǒ zài Běijīng Yǔyán Dàxué xuéxí Zhōngwén.

甲：你住几号楼？
Nǐ zhù jǐ hào lóu?

乙：我住3号楼。
Wǒ zhù sān hào lóu.

甲：他住几号楼？
Tā zhù jǐ hào lóu?

乙：他住5号楼。
Tā zhù wǔ hào lóu.

甲：你的房间是多少号？
Nǐ de fángjiān shì duōshao hào?

乙：我的房间是261号。
Wǒ de fángjiān shì èr-liù-yī hào.

甲：他的房间是多少号？
Tā de fángjiān shì duōshao hào?

乙：他的房间是158号。
Tā de fángjiān shì yī-wǔ-bā hào.

甲：你的房间住几个人？
Nǐ de fángjiān zhù jǐ ge rén?

乙：我的房间住两个人，他的房间住一个人。
Wǒ de fángjiān zhù liǎng ge rén, tā de fángjiān zhù yíge rén.

5 问地址

生词 New Words

1. 学习	(动)	xuéxí	to study
2. 北京	(专名)	Běijīng	Beijing
3. 语言	(名)	yǔyán	language
4. 大学	(名)	dàxué	university
5. 住	(动)	zhù	to live
6. 几	(数)	jǐ	which
7. 号	(名)	hào	number
8. 楼	(名)	lóu	building
9. 层	(量)	céng	floor
10. 房间	(名)	fángjiān	room
11. 多少	(数)	duōshao	how many
12. 个	(量)	gè	(a measure word)
13. 两	(数)	liǎng	two
14. 一	(数)	yī	one
15. 二	(数)	èr	two
16. 三	(数)	sān	three
17. 四	(数)	sì	four
18. 五	(数)	wǔ	five
19. 六	(数)	liù	six
20. 七	(数)	qī	seven
21. 八	(数)	bā	eight
22. 九	(数)	jiǔ	nine
23. 十	(数)	shí	ten
24. 百	(数)	bǎi	hundred

补充词语 Supplementary Words and Expressions

1. 第一　　　　　　(序数)
   dì-yī　　　　　　first

2. 第二　　　　　　(序数)
   dì-èr　　　　　　second

3. 第三　　　　　　(序数)
   dì-sān　　　　　　third

4. 第四　　　　　　(序数)
   dì-sì　　　　　　fourth

5. 第五　　　　　　(序数)
   dì-wǔ　　　　　　fifth

6. 第六　　　　　　(序数)
   dì-liù　　　　　　sixth

7. 第七　　　　　　(序数)
   dì-qī　　　　　　seventh

8. 第八　　　　　　(序数)
   dì-bā　　　　　　eighth

9. 第九　　　　　　(序数)
   dì-jiǔ　　　　　　ninth

10. 第十　　　　　　(序数)
    dì-shí　　　　　　tenth

11. 床　　　　　　(名)
    chuáng　　　　　bed

12. 书架　　　　　　(名)
    shūjià　　　　　bookshelf

13. 灯　　　　　　(名)
    dēng　　　　　light; lamp

6 问物品
Asking About Things

句子 Sentences

51. 请问，这是什么茶?
    Qǐngwèn, zhè shì shénme chá?
    Can you tell me what kind of tea this is?

52. 这是绿茶。
    Zhè shì lǜchá.
    This is green tea.

53. 那是什么茶?
    Nà shì shénme chá?
    What is that tea?

54. 那是花茶吗?
    Nà shì huāchá ma?
    Is that jasmine tea?

55. 那不是花茶，那是红茶。
    Nà bú shì huāchá, nà shì hóngchá.
    That isn't jasmine tea. That's black tea.

56. 那是不是他的红茶?
    Nà shì-bushì tā de hóngchá?
    Is that his black tea?

57. 不知道。
    Bù zhīdào.
    I don't know.

58. 那是谁的红茶?
    Nà shì shuí de hóngchá?
    Whose black tea is that?

59. 你喝茶吗?
    Nǐ hē chá ma?
    Do you drink tea?

60. 不喝。
    Bù hē.
    No, I don't.

● 替换练习 Substitution Drills

1. 请问,〔这是什么茶〕?
   你是张老师吗 / 你是哪国人 / 你叫什么名字
   你会不会英文 / 你在哪儿学习 / 你在哪儿工作

2. 这是〔绿茶〕。
   中文书 / 英文报 / 钢笔

3. 那不是〔花茶〕。
   桌子 / 椅子 / 黑板 / 粉笔 / 门 / 窗户

4. 〔　〕不知道。
   我 / 他 / 我们 / 他们 / 老师

5. 那是〔谁的〕红茶〔　〕?
   我的 / 你的 / 他的 / 我们的 / 你们的 / 他们的
   老师的 / 学生的 / 杜朗先生的 / 安娜夫人的 吗

● 对 话① Dialogues

甲:请问,这是什么茶?
　　Qǐngwèn, zhè shì shénme chá?

6 问物品

乙：这是绿茶。
Zhè shì lǜchá.

甲：那是什么茶？
Nà shì shénme chá?

乙：那是花茶。
Nà shì huāchá.

甲：那也是花茶吗？
Nà yě shì huāchá ma?

乙：不，那不是花茶，那是红茶。
Bù, nà bú shì huāchá, nà shì hóngchá.

甲：那是不是你的红茶？
Nà shì-bushì nǐ de hóngchá?

乙：不是。
Bú shì.

甲：那是谁的红茶？
Nà shì shuí de hóngchá?

乙：不知道。
Bù zhīdào.

甲：你喝茶吗？
Nǐ hē chá ma?

乙：不喝，谢谢。
Bù hē, xièxie?

33

对 话 ② Dialogues

甲：请问，这是什么？
Qǐngwèn, zhè shì shénme?

乙：这是钢笔。
Zhè shì gāngbǐ.

甲：这是谁的钢笔？
Zhè shì shuí de gāngbǐ?

乙：这是我的钢笔。
Zhè shì wǒ de gāngbǐ.

甲：那是不是你的书？
Nà shì-bushì nǐ de shū?

乙：那不是我的书。
Nà bú shì wǒ de shū.

甲：你有本子吗？
Nǐ yǒu běnzi ma?

乙：我有。
Wǒ yǒu.

甲：你在哪儿学中文？
Nǐ zài nǎr xué Zhōngwén?

乙：在语言大学。
Zài Yǔyán Dàxué.

甲：你们忙吗？
Nǐmen máng ma?

6 问物品

乙：很忙。
Hěn máng.

生词 New Words

1. 请问	(动)	qǐngwèn	May I ask ...
2. 这	(代)	zhè	this
3. 绿茶	(名)	lǜchá	green tea
4. 那	(代)	nà	that
5. 花茶	(名)	huāchá	jasmine tea
6. 红茶	(名)	hóngchá	black tea
7. 知道	(动)	zhīdào	to know
8. 喝	(动)	hē	to drink
9. 桌子	(名)	zhuōzi	table
10. 椅子	(名)	yǐzi	chair
11. 黑板	(名)	hēibǎn	blackboard
12. 粉笔	(名)	fěnbǐ	chalk
13. 门	(名)	mén	door
14. 窗户	(名)	chuānghu	window

35

补充词语 Supplementary Words and Expressions

1. 禁止吸烟。
   Jìnzhǐ xī yān.   No smoking.
2. 喝杯咖啡。
   Hē bēi kāfēi.   Have a cup of coffee.
3. 烟斗   (名)
   yāndǒu   pipe
4. 雪茄   (名)
   xuějiā   cigar

问日期和时间 Asking About Dates and Times

● 句子 Sentences

61. 今天(是)几号?
    Jīntiān (shì) jǐ hào?
    What's the date today?

62. 今天(是)十二号。
    Jīntiān (shì) shí'èr hào.
    Today is the twelfth.

63. 今天(是)星期几?
    Jīntiān (shì) xīngqī jǐ?
    What day is it today?

64. 今天(是)星期三。
    Jīntiān (shì) xīngqīsān.
    Today is Wednesday.

65. 现在(是)几月?
    Xiànzài (shì) jǐ yuè?
    What month is it?

66. 现在(是)七月。
    Xiànzài (shì) qīyuè.
    It is July.

67. 现在(是)几点?
    Xiànzài (shì) jǐ diǎn?
    What time is it now?

68. 现在(是)十点。
    Xiànzài (shì) shí diǎn.
    It is ten o'clock.

69. 商店几点开门?
    Shāngdiàn jǐ diǎn kāimén?
    When does the shop open?

70. 商店九点开门。
    Shāngdiàn jiǔ diǎn kāimén.
    The shop opens at nine.

● 替换练习 Substitution Drills

1. 今天(是)〔星期三〕。
   星期一 / 星期二 / 星期四 / 星期五 / 星期六 / 星期日(天)

2. 现在(是)〔七月〕。
   一月 / 二月 / 三月 / 四月 / 五月 / 六月
   七月 / 八月 / 九月 / 十月 / 十一月 / 十二月

3. 现在是〔十点〕。
   10:05(十点五分) / 10:15(十点一刻 十点十五分)
   10:30(十点半) / 10:45(十点三刻 十点四十五 差一刻十一点)

4. 商店〔几点〕〔开门〕？
   什么时候◎关门

5. 〔商店〕〔九点〕开门。
   银行 / 食堂 / 图书馆◎
   7:30(七点半) / 9:00(九点) / 9:15(九点一刻 九点十五分)

● 对 话 ① Dialogues

甲：请问，今天(是)几号?
　　Qǐngwèn, jīntiān (shì) jǐ hào?

7 问日期和时间

乙：今天(是)二十五号。
Jīntiān (shì) èrshíwǔ hào.

甲：今天(是)星期几?
Jīntiān (shì) xīngqī jǐ?

乙：今天(是)星期五。
Jīntiān (shì) xīngqīwǔ.

甲：现在(是)几点?
Xiànzài (shì) jǐ diǎn?

乙：现在(是)十一点。
Xiànzài (shì) shíyī diǎn.

甲：商店几点开门?
Shāngdiàn jǐ diǎn kāimén?

乙：商店九点开门。
Shāngdiàn jiǔ diǎn kāimén.

● 对 话② Dialogues

甲：请问,今天(是)几号?
Qǐngwèn, jīntiān (shì) jǐ hào?

乙：对不起,我不知道。
Duìbuqǐ, wǒ bù zhīdào.

甲：今天(是)星期四吗?
Jīntiān (shì) xīngqīsì ma?

乙：今天不是星期四,是星期三。
Jīntiān bú shì xīngqīsì, shì xīngqīsān.

甲：现在几点？
Xiànzài jǐ diǎn?

乙：七点十分。
Qī diǎn shí fēn.

甲：商店什么时候关门？
Shāngdiàn shénme shíhou guānmén?

乙：八点半关门。
Bā diǎn bàn guānmén.

生词　New Words

1. 今天	(名)	jīntiān	today
2. 星期	(名)	xīngqī	week
3. 星期一	(名)	xīngqīyī	Monday
4. 星期二	(名)	xīngqī'er	Tuesday
5. 星期三	(名)	xīngqīsān	Wednesday
6. 星期四	(名)	xīngqīsì	Thursday
7. 星期五	(名)	xīngqīwǔ	Friday
8. 星期六	(名)	xīngqīliù	Saturday
9. 星期日(天)	(名)	xīngqīrì (tiān)	Sunday
10. 现在	(名)	xiànzài	now
11. 月	(名)	yuè	month
12. 点	(名)	diǎn	o'clock

7 问日期和时间

13. 商店	(名)	shāngdiàn	shop
14. 开门		kāimén	to open
15. 分	(名)	fēn	minute
16. 刻	(名)	kè	quarter
17. 半	(数)	bàn	half
18. 差	(动)	chà	to lack; minus
19. 时候	(名)	shíhou	time
20. 关门		guānmén	to close
21. 食堂	(名)	shítáng	dining hall; canteen
22. 图书馆	(名)	túshūguǎn	library

● 补充词语 Supplementary Words and Expressions

1. 昨天 (名)
   zuótiān yesterday
2. 明天 (名)
   míngtiān tomorrow
3. 这个月
   zhè ge yuè this month
4. 上个月
   shàng ge yuè last month
5. 下个月
   xià ge yuè next month
6. 今年 (名)
   jīnnián this year

41

7. 去年	(名)	
qùnián	last year	
8. 明年	(名)	
míngnián	next year	
9. 日历	(名)	
rìlì	calendar	
10. 几点了？		
Jǐ diǎn le?	What time is it?	
11. 你的表准吗？		
Nǐ de biǎo zhǔn ma?	Does your watch keep good time?	
12. 我的表快(慢)了。		
Wǒ de biǎo kuài (màn) le.	My watch is fast (slow).	

8 打电话 Making a Telephone Call

句子 Sentences

71. 喂，是北京大学吗？
    Wèi, shì Běijīng Dàxué ma?
    Hello, is this Peking University?

72. 请转354。
    Qǐng zhuǎn sān-wǔ-sì.
    Extension 354, please.

73. 你找谁呀？
    Nǐ zhǎo shuí ya?
    To whom do you wish to speak to?

74. 劳驾，请您找一下美国学生玛丽。
    Láojià, qǐng nín zhǎo yíxià Měiguó xuésheng Mǎlì.
    May I speak to Mary, the American student?

75. 你是哪里？
    Nǐ shì nǎli?
    Who's speaking?

76. 好，请等一等。
    Hǎo, qǐng děng-yiděng.
    OK, please hold on.

77. 玛丽不在，她出去了。
    Mǎlì bú zài, tā chūqù le.
    Sorry, Mary isn't here at the moment. She's gone out.

78. 你是保罗吗？
    Nǐ shì Bǎoluó ma?
    Is that Paul speaking?

79. 是啊，你是谁？
    Shì a, nǐ shì shuí?
    Yes, it is. Who's speaking please?

80. 我是路易丝。
    Wǒ shì Lùyìsī.
    It's Louise here.

● 替换练习 Substitution Drills

1. 喂,是〔北京大学〕吗?
   北京饭店 / 友谊商店 / 出租汽车站

2. 你找〔谁呀〕?
   什么 / 张老师吗 / 铅笔吗 / 纸吗

3. 劳驾,〔请您找一下美国学生玛丽。〕
   请转354。 / 语言大学在哪儿? / 哪儿是九楼? / 几点了?

4. 请等〔一等〕。
   一会儿 / 一下儿 / 等

5. 〔玛丽〕不在〔　〕。
   王先生 / 杰克 / 我朋友 / 刘云 / 他
   家 / 宿舍 / 教室 / 图书馆 / 北京大学

● 对话① Dialogues

甲:喂,是北京大学吗?
　　Wèi, shì Běijīng Dàxué ma?

乙:是啊。
　　Shì a.

8 打电话

甲：请转354。
Qǐng zhuǎn sān-wǔ-sì.

乙：好的。
Hǎo de.
……

丙：你找谁呀?
Nǐ zhǎo shuí ya?

甲：劳驾,请您找一下美国学生玛丽。
Láojià, qǐng nín zhǎo yíxià Měiguó xuésheng Mǎlì.

丙：你是哪里?
Nǐ shì nǎli?

甲：我是语言大学。
Wǒ shì Yǔyán Dàxué.

丙：好,请等一等。
Hǎo, qǐng děng-yiděng.

甲：谢谢。
Xièxie.
……

甲：喂,你是玛丽吗?
Wèi, nǐ shì Mǎlì ma?

丁：玛丽不在,她出去了。
Mǎlì bú zài, tā chūqù le.

甲：你是不是保罗?
Nǐ shì-bushì Bǎoluó?

丁：是啊,你是谁?
Shì a, nǐ shì shuí?

甲：我是路易丝。
Wǒ shì Lùyìsī.

对话② Dialogues

甲：喂，是北京大学吗？
Wèi, shì Běijīng Dàxué ma?

乙：什么？
Shénme?

甲：是北京大学吗？
Shì Běijīng Dàxué ma?

乙：不是。
Bú shì.

甲：你是哪里？
Nǐ shì nǎli?

乙：北京饭店。
Běijīng Fàndiàn.

甲：对不起。
Duìbuqǐ.

乙：没关系。
Méi guānxi.
……

甲：喂，是北京大学吗？
Wèi, shì Běijīng Dàxué ma?

丙：是啊，你找谁？
Shì a, nǐ zhǎo shuí?

甲：我找日本学生久保。
Wǒ zhǎo Rìběn xuésheng Jiǔbǎo.

丙：他的房间是多少号？
Tā de fángjiān shì duōshao hào?

甲：什么？请你慢点儿说。
Shénme? Qǐng nǐ màn diǎnr shuō.

丙：他的房间是多少号？
Tā de fángjiān shì duōshao hào?

甲：啊，他的房间是258号。
Ā, tā de fángjiān shì èr-wǔ-bā hào.

丙：好，请你等一下。
Hǎo, qǐng nǐ děng yíxià.

甲：谢谢你。
Xièxie nǐ.

生词　New Words

1. 打	(动)	dǎ	to make (a telephone call)
2. 电话	(名)	diànhuà	telephone
3. 喂	(助)	wèi	hello
4. 转	(动)	zhuǎn	to have extension
5. 找	(动)	zhǎo	to look for
6. 劳驾	(动)	láojià	excuse me

7. 一下	(数量)	yíxià	(to indicate a casual or a brief act.)
8. 哪里	(代)	nǎli	where
9. 好	(形)	hǎo	OK
10. 等	(动)	děng	to wait
11. 出去	(动)	chūqù	to go out
12. 了	(助)	le	(a particle)
13. 饭店	(名)	fàndiàn	hotel
14. 友谊	(名)	yǒuyì	friendship
15. 出租汽车		chūzū qìchē	taxi
16. 站	(名)	zhàn	station; bus stop
17. 铅笔	(名)	qiānbǐ	pencil
18. 纸	(名)	zhǐ	paper
19. 一会儿	(数量)	yíhuìr	a moment
20. 宿舍	(名)	sùshè	dormitory
21. 教室	(名)	jiàoshì	classroom

补充词语 Supplementary Words and Expressions

1. 电话薄 (名)
   diànhuàbù
   telephone directory
2. 总机 (名)
   zǒngjī
   switch board; central exchange

3. 分机　　　　　　(名)
   fēnjī　　　　　　　extension (line)

4. 长途电话
   chángtú diànhuà　　long-distance call

5. 接　　　　　　　(动)
   jiē　　　　　　　　to connect

6. 挂　　　　　　　(动)
   guà　　　　　　　　to hang up

7. 占着线呢。
   Zhànzhe xiàn ne.　　The line's busy.

8. 请告诉我这个电话怎么打。
   Qǐng gàosu wǒ zhè ge diànhuà zěnme dǎ.
   Could you tell me how to use this telephone?

9 在商店（上）At a Shop (I)

句子 Sentences

81. 您买什么？
    Nín mǎi shénme?
    Can I help you?

82. 我要买一斤糖和两斤桃。
    Wǒ yào mǎi yì jīn táng hé liǎng jīn táo.
    I want a *jin* of sweets and two *jin* of peaches.

83. 多少钱一斤？
    Duōshao qián yì jīn?
    How much are they per *jin*?

84. 糖15块3一斤，桃1块5毛8一斤。
    Táng shíwǔ kuài sān yì jīn, táo yí kuài wǔ máo bā yì jīn.
    The sweets are 15.3 yuan a *jin* and the peaches 1.58 yuan a *jin*.

85. 还要别的吗？
    Hái yào biéde ma?
    Anything else?

86. 再要一盒儿烟。
    Zài yào yì hér yān.
    Yes, I want a packet of cigarettes.

87. 不要别的了，一共多少钱？
    Bú yào biéde le, yígòng duōshao qián?
    This's all. How much does it come to altogether, please?

88. 一共23块4毛6。
 Yígòng èrshísān kuài sì máo liù.
 That will be 23.46 yuan in all.

89. 给您钱。
 Gěi nín qián.
 Here you are.

90. 这是50块，找您26块5毛4。
 Zhè shì wǔshí kuài, zhǎo nín èrshíliù kuài wǔ máo sì.
 This is a fifty yuan note, and here is your change, 26.54 yuan.

● 替换练习 Substitution Drills

1. 我要买〔一斤糖〕。
 一斤梨 ／ 两斤饼干 ／ 三斤香蕉 ／ 一个西瓜 ／ 一个本子
 一块香皂 ／ 一盒火柴 ／ 一盒烟

2. 多少钱〔一斤〕？
 一个 ／ 一本 ／ 一盒

3. 一共〔3块4毛2〕。
 五元(块) ／ 八角(毛)五分 ／ 五元八角五分 ／ 五块八毛五

4. 给您〔钱〕。
 书 ／ 本子 ／ 报 ／ 钢笔 ／ 烟

对话 ① Dialogues

甲：您买什么？
Nín mǎi shénme?

乙：我要买一斤糖和两斤桃。
Wǒ yào mǎi yì jīn táng hé liǎng jīn táo.

甲：好。
Hǎo.

乙：多少钱一斤？
Duōshao qián yì jīn?

甲：糖15块3一斤，桃1块5毛8一斤。还要别的吗？
Táng shíwǔ kuài sān yì jīn, táo yí kuài wǔ máo bā yì jīn. Hái yào biéde ma?

乙：再要一盒儿烟。
Zài yào yì hér yān.

甲：5块。
Wǔ kuài.

乙：不要别的了，一共多少钱？
Bú yào bié de le, yígòng duōshao qián?

甲：一共23块4毛6。
Yígòng èrshísān kuài sì máo liù.

乙：给您钱。
Gěi nín qián.

9 在商店（上）

甲：这是50块，找您26块5毛4。
Zhè shì wúshí kuài, zhǎo nín èrshíliù kuài wǔ máo sì.

乙：再见。
Zàijiàn.

甲：再见。
Zàijiàn.

对话② Dialogues

甲：我要买一斤糖。
Wǒ yào mǎi yì jīn táng.

乙：好。
Hǎo.

甲：请问，糖一斤多少钱？
Qǐngwèn, táng yì jīn duōshao qián?

乙：16块4一斤的和15块3一斤的。
Shíliù kuài sì yì jīn de hé shíwǔ kuài sān yì jīn de.

甲：买15块3的。
Mǎi shíwǔ kuài sān de.

乙：还买什么？
Hái mǎi shénme?

甲：买一斤梨。
Mǎi yì jīn lí.

乙：还要别的吗？
Hái yào biéde ma?

甲：不要了。
Bú yào le.

乙：一斤糖15块3，一斤梨4块5，一共19块8毛。
Yì jīn táng shí wǔ kuài sān, yì jīn lí sì kuài wǔ, yígòng shíjiǔ kuài bā máo.

甲：给你钱。
Gěi nǐ qián.

乙：这是20块，找你2毛。
Zhè shì èrshí kuài, zhǎo nǐ liǎng máo.

甲：谢谢，再见。
Xièxie, zàijiàn.

乙：再见。
Zàijiàn.

生词　New Words

1. 买	（动）	mǎi	to buy
2. 要	（动）	yào	to want
3. 斤	（量）	jīn	*jin*
4. 糖	（名）	táng	sweets; candy
5. 桃	（名）	táo	peach
6. 钱	（名）	qián	money
7. 块	（量）	kuài	yuan

8. 毛	(量)	máo	*mao* (1/10 yuan)
9. 分	(量)	fēn	*fen* (1/100 yuan)
10. 还	(副)	hái	else; still; besides
11. 别的	(代)	biéde	other; else
12. 再	(副)	zài	more; additionally
13. 盒	(量)	hé	packet; box
14. 一共	(副)	yígòng	in all; altogether
15. 给	(动)	gěi	to give
16. 梨	(名)	lí	pear
17. 饼干	(名)	bǐnggān	biscuit; cracker
18. 香蕉	(名)	xiāngjiāo	banana
19. 西瓜	(名)	xīguā	water melon
20. 香皂	(名)	xiāngzào	toilet soap

● 补充词语 Supplementary Words and Expressions

1. 葡萄 (名)
   pútao   grape

2. 橘子 (名)
   júzi   orange; tangerine

3. 菠萝 (名)
   bōluó   pineapple

4. 汽水 (名)
   qìshuǐ   soda water

5. 冰激凌　　　　　（名）
   bīngjīlíng　　　　ice cream
6. 冰棍儿　　　　　（名）
   bīnggùnr　　　　 ice lolly
7. 点心　　　　　　（名）
   diǎnxin　　　　　cakes; snacks
8. 罐头　　　　　　（名）
   guàntou　　　　　tin; can
9. 毛笔　　　　　　（名）
   máobǐ　　　　　　Chinese writing brush
10. 圆珠笔　　　　　（名）
    yuánzhūbǐ　　　 ballpoint pen

10 在商店 (下) At a Shop (II)

句子 Sentences

91. 请把布鞋拿给我看看。
    Qǐng bǎ bùxié nágěi wǒ kànkan.
    Could you please show me those cloth shoes?

92. 您穿多大号儿的?
    Nín chuān duō dà hàor de?
    What size do you take?

93. 我忘了,大概是40号儿。
    Wǒ wàng le, dàgài shì sìshí hàor.
    I've forgotten. Maybe size 40.

94. 您试试这双。
    Nín shìshi zhè shuāng.
    Would you like to try this pair?

95. 有点儿小。
    Yǒudiǎnr xiǎo.
    These are a little tight.

96. 这双正合适。
    Zhè shuāng zhèng héshì.
    This pair is a perfect fit.

97. 这种太贵了。
    Zhè zhǒng tài guì le.
    They are much too expensive.

98. 有便宜一点儿的吗?
    Yǒu piányi yìdiǎnr de ma?
    Have you got anything cheaper?

99. 这种又便宜又好。
    Zhè zhǒng yòu piányi yòu hǎo.
    These are very good and inexpensive.

100. 请您在那儿交款。
    Qǐng nín zài nàr jiāo kuǎn.
    Will you kindly pay over there?

● 替换练习 Substitution Drills

1. 请把〔布鞋〕拿给我。
   书 / 本子 / 杂志 / 烟 / 火柴

2. 您穿〔多大〕号儿的?
   多少 / 几

3. 有点儿〔小〕。
   大 / 长 / 短

4. 这种〔太贵了〕。
   不贵 / 便宜

10 在商店（下）

● 对 话① Dialogues

甲：请把布鞋拿给我看看。
Qǐng bǎ bùxié nágěi wǒ kànkan.

乙：您穿多大号儿的？
Nín chuān duō dà hàor de?

甲：我忘了，大概是40号儿。
Wǒ wàng le, dàgài shì sìshí hàor.

乙：您试试这双。
Nín shìshi zhè shuāng.

甲：有点儿小。
Yǒudiǎnr xiǎo.

乙：再试试这双41号儿的。
Zài shìshi zhè shuāng sìshíyī hàor de.

甲：这双正合适，多少钱？
Zhè shuāng zhèng héshì, duōshao qián?

乙：16块5。
Shíliù kuài wǔ.

甲：这种太贵了，有便宜一点儿的吗？
Zhè zhǒng tài guì le, yǒu piányi yìdiǎnr de ma?

乙：这种9块2，又便宜又好。
Zhè zhǒng jiǔ kuài èr, yòu piányi yòu hǎo.

甲：好，就买这双。
Hǎo, jiù mǎi zhè shuāng.

乙：请您在那儿交款。
Qǐng nín zài nàr jiāo kuǎn.

● 对 话② Dialogues

甲：你好！
Nǐ hǎo!

乙：你好！
Nǐ hǎo!

甲：你买什么？
Nǐ mǎi shénme?

乙：我要买一双布鞋。
Wǒ yào mǎi yì shuāng bùxié.

甲：你试试这双。
Nǐ shìshi zhè shuāng.

乙：有点儿大，请把那双拿给我试试。
Yǒudiǎnr dà, qǐng bǎ nà shuāng nágěi wǒ shìshi.

甲：这双怎么样？
Zhè shuāng zěnmeyàng?

乙：这双正合适。
Zhè shuāng zhèng héshì.

甲：多少钱？
Duōshao qián?

乙：9块5。
Jiǔ kuài wǔ.

10 在商店（下）

甲：又便宜又好。
Yòu piányi yòu hǎo.

乙：买这双吗？
Mǎi zhè shuāng ma?

甲：好，给你钱。
Hǎo, gěi nǐ qián.

乙：再见。
Zàijiàn.

甲：再见。
Zàijiàn.

生词 New Words

1. 把	(介)	bǎ	(a preposition used to bring an object before a verbal predicate)
2. 布鞋	(名)	bùxié	cloth shoes
3. 拿	(动)	ná	to get; to take; to bring
4. 穿	(动)	chuān	to wear
5. 多大		duō dà	size
6. 忘	(动)	wàng	to forget
7. 大概	(副)	dàgài	perhaps; probably
8. 试	(动)	shì	to try
9. 双	(量)	shuāng	pair

10. 小	(形)	xiǎo	small
11. 正	(副)	zhèng	just; exactly
12. 合适	(形)	héshì	suitable
13. 种	(量)	zhǒng	kind; sort
14. 太	(副)	tài	too
15. 贵	(形)	guì	expensive
16. 便宜	(形)	piányi	cheap
17. 又…又…		yòu...yòu...	both ... and ...
18. 那儿	(代)	nàr	over there
19. 交	(动)	jiāo	to pay
20. 款	(名)	kuǎn	money
21. 大	(形)	dà	big
22. 长	(形)	cháng	long
23. 短	(形)	duǎn	short

● 补充词语 Supplementary Words and Expressions

1. 超市 (名)
   chāoshì   supermarket
2. 百货大楼 (专名)
   Bǎihuò Dàlóu   Department Store
3. 东安市场 (专名)
   Dōng'ān Shìchǎng   Dong'an Market

4. 售货员 shòuhuòyuán	(名)	shop assistant
5. 顾客 gùkè	(名)	customer
6. 西装 xīzhuāng	(名)	(Western) suit
7. 中山装 zhōngshānzhuāng	(名)	Chinese tunic suit
8. 雨衣 yǔyī	(名)	raincoat
9. 大衣 dàyī	(名)	overcoat
10. 睡衣 shuìyī	(名)	pyjamas
11. 皮鞋 píxié	(名)	leather shoes
12. 雨鞋 yǔxié	(名)	rain boots
13. 绸子 chóuzi	(名)	silk
14. 缎子 duànzi	(名)	satin
15. 字帖 zìtiè	(名)	copybook for calligraphy
16. 砚台 yàntái	(名)	inkstone
17. 墨 mò	(名)	Chinese ink

18. 手工艺品 (名)
    shǒugōngyìpǐn   handicraft product
19. 象牙雕刻
    xiàngyá diāokè   ivory carving
20. 瓷器 (名)
    cíqì   porcelain
21. 中国画 (名)
    Zhōngguóhuà   Chinese painting
22. 纪念品 (名)
    jìniànpǐn   souvenir

在饭馆 At a Restaurant

● 句子 Sentences

101. 您吃什么？这是菜单。
 Nín chī shénme? Zhè shì càidān.
 What woud you like to eat? This is the menu.

102. 那是什么菜？
 Nà shì shénme cài?
 What's that dish?

103. 那是拼盘儿，里面有香肠儿、火腿、熏鱼和松花蛋，来一盘儿吗？
 Nà shì pīnpánr, lǐmian yǒu xiāngchángr, huǒtuǐ, xūnyú hé sōnghuādàn, lái yì pánr ma?
 That's a cold cut platter. It includes sliced sausages, ham, smoked fish and preserved eggs. Would you like to have one?

104. 您还要什么菜？
 Nín hái yào shénme cài?
 What dishes would you like to have besides that?

105. 来一个辣子鸡丁和一个糖醋鱼。
 Lái yí ge làzi-jīdīng hé yí ge tángcùyú.
 I'll take the diced spicy chicken, and the sweet and sour fish.

106. 您吃米饭还是吃饺子？
 Nín chī mǐfàn háishi chī jiǎozi?
 Do you want rice or dumplings?

107. 来一碗米饭。
 Lái yì wǎn mǐfàn.
 One bowl of rice, please.

108. 要不要汤?
 Yào-buyào tāng?
 Would you like some soup?

109. 喝酒吗?
 Hē jiǔ ma?
 What would you like to drink?

110. 来一瓶啤酒。
 Lái yì píng píjiǔ.
 A beer, please.

● 替换练习 Substitution Drills

1. 那是〔拼盘〕。
 包子 / 饺子 / 面条 / 面包

2. 来〔一个辣子鸡丁和一个糖醋鱼〕。
 一块面包 / 一块黄油 / 一杯牛奶 / 一杯咖啡 / 一杯茶 / 一杯啤酒

3. 您吃〔米饭〕还是吃〔饺子〕?
 中餐 / 西餐 / 香肠 / 火腿

11 在饭馆

4. 要不要〔汤〕?
   水果 / 酒 / 茶 / 糖 / 烟

5. 喝〔酒〕吗?
   水 / 茶 / 咖啡 / 牛奶 / 啤酒

对话 ① Dialogues

甲: 您吃什么? 这是菜单。
Nín chī shénme? Zhè shì càidān.

乙: 那是什么菜?
Nà shì shénme cài?

甲: 那是拼盘儿, 里面有香肠儿、火腿、熏鱼和松花蛋, 来一盘儿吗?
Nà shì pīnpánr, lǐmian yǒu xiāngchángr, huǒtuǐ, xūnyú hé sōnghuādàn, lái yì pánr ma?

乙: 好, 来一盘儿。
Hǎo, lái yì pánr.

甲: 您还要什么菜?
Nín hái yào shénme cài?

乙: 再来一个辣子鸡丁和一个糖醋鱼。
Zài lái yí ge làzi-jīdīng hé yí ge tángcùyú.

甲: 您吃米饭还是吃饺子?
Nín chī mǐfàn háishi chī jiǎozi?

乙：来一碗米饭。
Lái yì wǎn mǐfàn.

甲：要不要汤?
Yào-buyào tāng?

乙：不要。
Bú yào.

甲：喝酒吗?
Hē jiǔ ma?

乙：来一瓶啤酒。
Lái yì píng píjiǔ.

对话② Dialogues

甲：我要吃饺子。
Wǒ yào chī jiǎozi.

乙：您吃多少?
Nín chī duōshao?

甲：来半斤吧。
Lái bàn jīn ba.

乙：还要什么菜?
Hái yào shénme cài?

甲：有拼盘儿吗?
Yǒu pīnpánr ma?

乙：有。
Yǒu.

11 在饭馆

甲：里面有什么？
Lǐmian yǒu shénme?

乙：香肠儿和熏鱼。
Xiāngchángr hé xūnyú.

甲：好，来一盘儿。
Hǎo, lái yì pánr.

乙：还要什么？
Hái yào shénme?

甲：再来一杯啤酒。
Zài lái yì bēi píjiǔ.

乙：要不要汤？
Yào-buyào tāng?

甲：不要，多少钱？
Bú yào, duōshao qián?

乙：一共84块。
Yígòng bāshísì kuài.

甲：给您钱。
Gěi nín qián.

生词 New Words

1. 吃	(动)	chī	to eat
2. 菜单	(名)	càidān	menu
3. 拼盘儿	(名)	pīnpánr	cold cut platter
4. 里面	(名)	lǐmian	inside; in
5. 香肠儿	(名)	xiāngchángr	sausage
6. 火腿	(名)	huǒtuǐ	ham
7. 熏鱼	(名)	xūnyú	smoked fish
8. 松花蛋	(名)	sōnghuādàn	preserved egg
9. 来	(动)	lái	to take; to buy; to have
10. 盘	(量)	pán	plate (a measure word)
11. 辣子鸡丁	(名)	làzi-jīdīng	diced spicy chicken
12. 糖醋鱼	(名)	tángcùyú	sweet and sour fish
13. 米饭	(名)	mǐfàn	rice
14. 饺子	(名)	jiǎozi	dumpling
15. 碗	(名)	wǎn	bowl
16. 汤	(名)	tāng	soup
17. 酒	(名)	jiǔ	alcohol (of all types)
18. 瓶	(名)	píng	bottle
19. 啤酒	(名)	píjiǔ	beer
20. 包子	(名)	bāozi	steamed stuffed bun
21. 面条儿	(名)	miàntiáor	noodles
22. 面包	(名)	miànbāo	bread
23. 黄油	(名)	huángyóu	butter

24. 牛奶	(名)	niúnǎi	milk
25. 咖啡	(名)	kāfēi	coffee
26. 中餐	(名)	zhōngcān	Chinese meal
27. 西餐	(名)	xīcān	Western meal
28. 水果	(名)	shuǐguǒ	fruit

补充词语 Supplementary Words and Expressions

1. 早点 (名)
   zǎodiǎn
   light breakfast

2. 午饭 (名)
   wǔfàn
   lunch

3. 晚饭 (名)
   wǎnfàn
   supper; evening meal

4. 烤鸭 (名)
   kǎoyā
   roast duck

5. 涮羊肉 (名)
   shuàn yángròu
   mutton hot-pot

6. 绍兴黄酒 (名)
   Shàoxīng huángjiǔ
   Shaoxing yellow wine

7. 茅台 (名)
   Máotái
   Maotai (spirit)

8. 威士忌 (名)
   wēishìjì
   whisky

9. 香槟酒 (名)
   xiāngbīnjiǔ champagne
10. 刀子 (名)
    dāozi knife
11. 叉子 (名)
    chāzi fork
12. 筷子 (名)
    kuàizi chopsticks
13. 杯子 (名)
    bēizi cup; glass
14. 勺子 (名)
    sháozi spoon

问路 Asking the Way

句子 Sentences

111. 劳驾，到国家大剧院怎么走?
 Láojià, dào Guójiā Dà Jùyuàn zěnme zǒu?
 Excuse me, could you tell me the way to the National Centre for the Performing Arts?

112. 往前走。
 Wǎng qián zǒu.
 Go straight ahead.

113. 到前边红绿灯，往右拐。
 Dào qiánbiān hónglǜdēng, wǎng yòu guǎi.
 Turn right at the traffic lights.

114. 离这儿远吗?
 Lí zhèr yuǎn ma?
 Is it far from here?

115. 不太远，大约走五分钟。
 Bú tài yuǎn, dàyuē zǒu wǔ fēnzhōng.
 No, it's only about five minutes' walk.

116. 能坐车去吗?
 Néng zuò chē qù ma?
 Can I get there by bus?

117. 请问，去百货大楼坐几路车？
Qǐngwèn, qù Bǎihuò Dàlóu zuò jǐ lù chē?
Excuse me, could you tell me which bus goes to the Department Store?

118. 坐331路汽车。
Zuò sān-sān-yāo lù qìchē.
Take the 331.

119. 在哪儿下车？
Zài nǎr xià chē?
Can you tell me where to get off?

120. 在新街口换111路无轨电车，到灯市西口儿下。
Zài Xīnjiēkǒu huàn yāo-yāo-yāo lù wúguǐ diànchē, dào Dēngshì-xīkǒur xià.
Change to a 111 trolley bus at Xinjiekou, and get off at Dengshi Xikou.

● 替换练习 Substitution Drills

1. 劳驾，到〔国家大剧院〕怎么走？
   首都剧场 ／ 新东安市场 ／ 友谊商店 ／ 国际俱乐部 ／
   美国大使馆

2. 〔往前〕走。
   往后

3. 到前边红绿灯,〔往右〕拐。
   往左

4. 离这儿〔远吗〕?
   远不远 / 近不近

5. 在哪儿〔下车〕?
   上车 / 换车

对话① Dialogues

甲:劳驾,到国家大剧院怎么走?
Láojià, dào Guójiā Dà Jùyuàn zěnme zǒu?

乙:往前走。
Wǎng qián zǒu.

甲:离这儿远吗?
Lí zhèr yuǎn ma?

乙:不太远,大约走五分钟。
Bú tài yuǎn, dàyuē zǒu wǔ fēnzhōng.

甲:谢谢您。
Xièxie nín.

乙:不谢。 ……
Bú xiè.

● 对 话 ② Dialogues

甲：请问，去百货大楼坐几路车？
Qǐngwèn, qù Bǎihuò Dàlóu zuò jǐ lù chē?

丙：坐331路汽车。
Zuò sān-sān-yāo lù qìchē.

甲：在哪儿下车？
Zài nǎr xià chē?

丙：在新街口换111路无轨电车，灯市西口儿下。
Zài Xīnjiēkǒu huàn yāo-yāo-yāo lù wúguǐ diànchē,
Dēngshì-xīkǒur xià.

甲：谢谢。
Xièxie.

丙：不客气。
Bú kèqi.

● 对 话 ③ Dialogues

甲：对不起，到美国大使馆怎么走？
Duìbuqǐ, dào Měiguó dàshǐguǎn zěnme zǒu?

乙：往前走，到红绿灯，往右拐。
Wǎng qián zǒu, dào hónglǜdēng, wǎng yòu guǎi.

甲：离这儿远不远？
Lí zhèr yuǎn-buyuǎn?

12 问路

乙：不太远。
Bú tài yuǎn.

甲：走多少分钟?
Zǒu duōshao fēnzhōng?

乙：大约走20分钟。
Dàyuē zǒu èrshí fēnzhōng.

甲：能坐车去吗?
Néng zuò chē qù ma?

乙：能。坐113路汽车。
Néng. Zuò yāo-yāo-sān lù qìchē.

甲：在哪儿下?
Zài nǎr xià?

乙：在三里屯儿下。
Zài Sānlǐtúnr xià.

甲：再见。
Zàijiàn.

乙：再见。
Zàijiàn.

生词 New Words

1. 到	(动)	dào	to go to
2. 国家	(名)	guójiā	national
3. 剧院	(名)	jùyuàn	opera house; theatre
4. 怎么	(代)	zěnme	how
5. 走	(动)	zǒu	to walk; to go
6. 往	(介)	wǎng	toward; to
7. 前	(方位)	qián	ahead; front
8. 前边	(方位)	qiánbiān	ahead; front
9. 红绿灯	(名)	hónglǜdēng	traffic lights
10. 右	(方位)	yòu	right
11. 拐	(动)	guǎi	to turn
12. 离	(介)	lí	from
13. 远	(形)	yuǎn	far
14. 大约	(副)	dàyuē	about
15. 车	(名)	chē	automobile
16. 去	(动)	qù	to go
17. 路	(名)	lù	road; (bus) number
18. 汽车	(名)	qìchē	automobile; motor vehicle
19. 下	(动)	xià	to get off
20. 换	(动)	huàn	to change
21. 无轨电车	(名)	wúguǐ diànchē	trolley bus
22. 新街口	(专名)	Xīnjiēkǒu	name of a place
23. 灯市西口	(专名)	Dēngshì-xīkǒu	name of a place

24. 首都	(名)	shǒudū	capital
25. 国际	(名)	guójì	international
26. 俱乐部	(名)	jùlèbù	club
27. 大使馆	(名)	dàshǐguǎn	embassy
28. 后	(方位)	hòu	behind; back
29. 左	(方位)	zuǒ	left
30. 上	(动)	shàng	to get on

● 补充词语 Supplementary Words and Expressions

1. 东　　　　　　　　　　(方位)
   dōng　　　　　　　　　 east
2. 南　　　　　　　　　　(方位)
   nán　　　　　　　　　　south
3. 西　　　　　　　　　　(方位)
   xī　　　　　　　　　　 west
4. 北　　　　　　　　　　(方位)
   běi　　　　　　　　　　north
5. 近　　　　　　　　　　(形)
   jìn　　　　　　　　　　near
6. 十字路口　　　　　　　(名)
   shízì lùkǒu　　　　　　crossroads; intersection
7. 便道　　　　　　　　　(名)
   biàndào　　　　　　　　pavement; sidewalk

8. 马路 (名)
   mǎlù street; main road

9. 走路 (名)
   zǒulù to walk

10. 交通警 (名)
    jiāotōngjǐng traffic police

11. ××路汽车站在哪儿?
    XX lù qìchēzhàn zài nǎr? Where is the ... bus stop?

13 在公共汽车上 On a Bus

句子 Sentences

121. 这路车去前门吗?
 Zhè lù chē qù Qiánmén ma?
 Does this bus go to Qianmen?

122. 到民族文化宫在哪儿下?
 Dào Mínzú Wénhuàgōng zài nǎr xià?
 Could you tell me where to get off for the Cultural Palace of Nationalities?

123. 有买票的没有?
 Yǒu mǎi piào de méiyǒu?
 Have you bought a ticket?

124. 我买一张到西单的票。
 Wǒ mǎi yì zhāng dào Xīdān de piào.
 One ticket to Xidan, please.

125. 哪儿上的?
 Nǎr shàng de?
 Where did you get on?

126. 北太平庄上的。
 Běi-Tàipíngzhuāng shàng de.
 At Beitaipingzhuang.

127. 到站的时候,请告诉我一声。
Dào zhàn de shíhou, qǐng gàosu wǒ yìshēng.
Please remind me when we get there.

128. 西单到了,您该下车了。
Xīdān dào le, nín gāi xià chē le.
Xidan! This is where you get off.

129. 您下车吗?
Nín xià chē ma?
Are you getting off here?

130. 劳驾了,我下车。
Láojià le, wǒ xià chē.
Excuse me, I'm getting off.

● 替换练习 Substitution Drills

1. 这路车〔去〕〔前门〕吗?
   开往 ◉ 天安门 / 新街口 / 颐和园 / 北海 / 动物园

2. 有〔买票的〕没有?
   下车的 / 上车的

3. 〔到站〕的时候,请告诉〔我〕一声。
   下车 / 吃饭 ◉ 我们 / 他

13 在公共汽车上

4. 您该〔下车〕了。
   上课 / 休息 / 走

5. 您〔下车〕吗?
   上车 / 买票 / 有零钱

● 对话① Dialogues

甲：请问，这路车去前门吗?
Qǐngwèn, zhè lù chē qù Qiánmén ma?

乙：去。
Qù.

甲：到民族文化宫在哪儿下?
Dào Mínzú Wénhuàgōng zài nǎr xià?

乙：在西单下。……有买票的没有?
Zài Xīdān xià. ... Yǒu mǎi piào de méiyou?

甲：我买一张到西单的票。
Wǒ mǎi yì zhāng dào Xīdān de piào.

乙：哪儿上的?
Nǎr shàng de?

甲：北太平庄上的。
Běi-Tàipíngzhuāng shàng de.

乙：一块。
Yí kuài.

甲：劳驾，到站的时候请告诉我一声。
Láojià, dào zhàn de shíhou qǐng gàosu wǒ yìshēng.

乙：好。……
Hǎo. ……

乙：西单到了，您该下车了。
Xīdān dào le, nín gāi xià chē le.

甲：好，谢谢。对不起，您下车吗？
Hǎo, xièxie. Duìbuqǐ, nín xià chē ma?

丙：不下。
Bú xià.

甲：劳驾了，我下车。
Láojià le, wǒ xià chē.

● 对 话 ② Dialogues

甲：劳驾，这路车去哪儿？
Láojià, zhè lù chē qù nǎr?

乙：这路车开往颐和园。
Zhè lù chē kāiwǎng Yíhéyuán.

甲：去语言大学在哪儿下？
Qù Yǔyán Dàxué zài nǎr xià?

13 在公共汽车上

乙：在中关村下，换331路汽车。
Zài Zhōngguāncūn xià, huàn sān-sān-yāo lù qìchē.

甲：好，我买一张到中关村的票。
Hǎo, wǒ mǎi yì zhāng dào Zhōngguāncūn de piào.

乙：一块。
Yí kuài.

甲：劳驾，到中关村的时候，告诉我一声。
Láojià, dào Zhōngguāncūn de shíhou, gàosu wǒ yì shēng.

乙：好。有买票的吗？有没有买票的？
Hǎo. Yǒu mǎi piào de ma? Yǒu-meiyǒu mǎi piào de? ……

乙：先生，中关村到了，您该下车了。
Xiānshēng, Zhōngguāncūn dào le, nín gāi xià chē le.

甲：好，谢谢你。对不起，您下不下车？
Hǎo, xièxie nǐ. Duìbuqǐ, nín xià-buxià chē?

丙：下。
Xià.

甲：好。
Hǎo.

生 词　New Words

1. 前门	(专名)	Qiánmén	(name of a place)
2. 民族	(名)	mínzú	nationality
3. 文化	(名)	wénhuà	culture
4. 宫	(名)	gōng	palace
5. 票	(名)	piào	ticket
6. 西单	(专名)	Xīdān	(name of a place)
7. 北太平庄	(专名)	Běi-Tàipíngzhuāng	(name of a place)
8. 告诉 (一声)	(动)	gàosu (yìshēng)	to tell; to remind
9. 该	(助词)	gāi	should; ought to
10. 天安门	(专名)	Tiān'ānmén	Tian'anmen
11. 颐和园	(专名)	Yíhéyuán	the Summer Palace
12. 北海	(专名)	Běihǎi	Beihai Park
13. 上课	(动)	shàngkè	to attend class
14. 休息	(动)	xiūxi	to rest
15. 零钱	(名)	língqián	small change

补充词语 Supplementary Words and Expressions

1. 售票员 (名)
   shòupiàoyuán   conductor

2. 司机 (名)
   sījī   driver

3. 旅游车 (名)
   lǚyóuchē   tourist bus

4. 终点站 (名)
   zhōngdiǎnzhàn   terminal

5. 加车 (名)
   jiāchē   extra bus

6. 下一站是××站。
   Xià yí zhàn shì X X zhàn.   The next stop is ....

7. 上车往里走。
   Shàng chē wǎng lǐ zǒu.   Move inside (on the bus), please.

14 理发 Getting a Haircut

句子 Sentences

131. 理发，请坐在那儿等一下。
 Lǐfà, qǐng zuòzài nàr děng yíxià.
 Would those who want to have their hair cut, please sit over there and wait?

132. 该您理了，请坐到这儿来。
 Gāi nín lǐ le, qǐng zuòdào zhèr lái.
 It's your turn now. Sit here please.

133. 理什么样儿的?
 Lǐ shénmeyàngr de?
 How do you want it?

134. 照原样儿理。
 Zhào yuányàngr lǐ.
 Same as before.

135. 剪短一点儿。
 Jiǎn duǎn yìdiǎnr.
 Cut it short, please.

136. 刮不刮脸?
 Guā-buguā liǎn?
 Would you like to have a shave?

137. 不用刮。
 Búyòng guā.
 No shave, thanks.

138. 洗头吗?
 Xǐ tóu ma?
 Would you like to have your hair washed?

139. 要不要搽油?
 Yào-buyào chá yóu?
 Shall I put some oil on?

140. 不要,吹干就行了。
 Bú yào, chuī gān jiù xíng le.
 No, just dry it, that will be fine.

● 替换练习 Substitution Drills

1. 理发,请坐〔在那儿〕等一下。
 在这儿 / 那儿 / 这儿

2. 该您理了,请坐到〔这儿来〕。
 那儿去

3. 〔理〕什么样儿的?
 要 / 买

4. 照〔原样〕理。
   这个样 / 那个样 / 他那样

5. 〔剪短〕一点儿。
   留长 / 留大

6. 要不要〔搽油〕?
   问王老师 / 打电话 / 我和你一起去

对话① Dialogues

甲：理发，请坐在那儿等一下。
Lǐfà, qǐng zuòzài nàr děng yíxià.

乙：好。
hǎo. ……

甲：该您理了，请坐到这儿来。
Gāi nín lǐ le, qǐng zuòdào zhèr lái.

乙：好。
Hǎo.

甲：理什么样儿的?
Lǐ shénmeyàngr de?

乙：照原样儿理。
Zhào yuányàngr lǐ.

14 理发

甲：刮不刮脸？
Guā-buguā liǎn?

乙：不用刮。
Bú yòng guā.

甲：要不要洗头？
Yào-buyào xǐ tóu?

乙：洗洗吧。
Xǐxi ba.

甲：要不要搽油？
Yào-buyào chá yóu?

乙：不要，吹干就行了。
Bú yào, chuī gān jiù xíng le.

对话② Dialogues

甲：您好！
Nín hǎo!

乙：您好！
Nín hǎo!

甲：您要理发吗？
Nín yào lǐfà ma?

乙：是的。
Shì de.

甲：请等一等。
Qǐng děng-yiděng.

乙：好。
Hǎo.

甲：请坐！
Qǐng zuò!

乙：谢谢。
Xièxie.

甲：您要理什么样儿的？
Nín yào lǐ shénmeyàngr de?

乙：剪短一点儿。
Jiǎn duǎn yìdiǎnr.

甲：刮脸吗？
Guā liǎn ma?

乙：刮一刮。
Guā-yiguā.

甲：洗头吗？
Xǐ tóu ma?

乙：不洗了。
Bù xǐ le.

甲：您看，怎么样？
Nín kàn, zěnmeyàng?

乙：很好，谢谢。
Hěn hǎo, xièxie.

14 理发

甲：再见。
　　Zàijiàn.

乙：再见。
　　Zàijiàn.

生词　New Words

1. 理发	(动)	lǐfà	to have a haircut; to have one's hair done
2. 理	(动)	lǐ	to arrange; to have one's hair cut or done
3. 样	(名)	yàng	shape; style
4. 照	(介)	zhào	according to
5. 原样	(名)	yuányàng	the original style; the same
6. 剪	(动)	jiǎn	to cut
7. 一点儿	(量)	yìdiǎnr	a little
8. 留	(动)	liú	to wear (long hair etc.)
9. 刮(脸)	(动)	guā (liǎn)	to shave
10. 脸	(名)	liǎn	face
11. 不用	(副)	bú yòng	unnecessarily; need not
12. 洗	(动)	xǐ	to wash
13. 头	(名)	tóu	head
14. 要	(助动)	yào	to want; to need
15. 搽油		chá yóu	to oil

93

16. 吹	(动)	chuī	to dry
17. 干	(形)	gān	dry
18. 行	(形)	xíng	OK
19. 一起	(副)	yìqǐ	together

补充词语 Supplementary Words and Expressions

1. 吹风 (动)
   chuīfēng   to dry (one's hair)

2. 电烫
   diàntàng   to have a permanent wave; to have one's hair set

3. 刀片儿 (名)
   dāopiànr   razor blade

4. 理发店 (名)
   lǐfàdiàn   the barber's

5. 理发师 (名)
   lǐfàshī   barber; hairdresser

6. 请给修一下胡子。
   Qǐng gěi xiū yíxià húzi.
   Please trim my moustache.

7. 喷不喷点儿香水?
   Pēn-bupēn diǎnr xiāngshuǐ?
   Do you want a perfume spray?

看病 Seeing a Doctor

● 句子 Sentences

141. 大夫，我不太舒服。
 Dàifu, wǒ bú tài shūfu.
 Doctor, I don't feel very well.

142. 您怎么了?
 Nín zěnme le?
 What's wrong with you?

143. 头疼，咳嗽，觉得全身没劲儿。
 Tóuténg, késou, juéde quánshēn méijìnr.
 I have a headache and a cough, and feel rather weak.

144. 发不发烧?
 Fā-bufā shāo?
 Are you running a fever?

145. 给您量一量体温吧。
 Gěi nín liáng-yiliáng tǐwēn ba.
 Let me take your temperature.

146. 多少度?
 Duōshao dù?
 How high is it?

147. 38度3，张开嘴："啊——"
 Sānshí bā dù sān, zhāngkāi zuǐ: "Ā—"
 38.3℃. Open your mouth. Say "Ah—"

148. 什么病?
Shénme bìng?
What's the problem?

149. 解开上衣，我听听，——嗯，感冒了。
Jiěkāi shàngyī, wǒ tīngting, —Ng, gǎnmào le.
Unfasten your coat and I'll listen to your heart. Well, you seem to have caught a cold.

150. 不要紧，吃点儿药就好了，不过要注意休息。
Bú yàojǐn, chīdiǎnr yào jiù hǎo le, búguò yào zhùyì xiūxi.
It's nothing serious. Take some medicine and you'll be all right. However, you had better get some good rest.

● 替换练习 Substitution Drills

1. 大夫，我〔不太〕舒服。
   不 / 很不 / 非常不 / 不怎么

2. 我觉得〔全身没劲儿〕。
   很累 / 很热 / 有点儿发烧 / 不舒服

3. 给您量一量〔体温〕吧。
   血压

4. 要注意〔休息〕。
   身体

对话① Dialogues

甲：大夫，我不太舒服。
Dàifu, wǒ bú tài shūfu.

乙：您怎么了?
Nín zěnme le?

甲：头疼，咳嗽，觉得全身没劲儿。
Tóuténg, késou, juéde quánshēn méijìnr.

乙：发不发烧?
Fā-bufā shāo?

甲：大概发烧。
Dàgài fāshāo.

乙：给您量一量体温吧。
Gěi nín liáng-yiliáng tǐwēn ba.

甲：好。
Hǎo.

乙：嗯——
Ǹg——

甲：多少度?
Duōshao dù?

乙：38度3，请张开嘴："啊——"
Sānshí bā dù sān, qǐng zhāngkāi zuǐ:"Ā——"

甲：什么病?
Shénme bìng?

乙：解开上衣，我听听。——感冒了。
Jiěkāi shàngyī, wǒ tīngting. —— Gǎnmào le.

甲：不要紧，吃点儿药就好了，不过要注意休息。
Bú yàojǐn, chīdiǎnr yào jiù hǎo le, búguò yào zhùyì xiūxi.

对 话② Dialogues

甲：你怎么了？
Nǐ zěnme le?

乙：大夫，我觉得很不舒服。
Dàifu, wǒ juéde hěn bù shūfu.

甲：哪儿不舒服？
Nǎr bù shūfu?

乙：头疼，全身没劲儿。
Tóuténg, quánshēn méijìnr.

甲：咳嗽不咳嗽？
Késou bu késou?

乙：不咳嗽。
Bù késou.

甲：你觉得发烧吗？
Nǐ juéde fāshāo ma?

乙：有点儿发烧。
Yǒudiǎnr fāshāo.

甲：给你量一量体温吧。
Gěi nǐ liáng-yiliáng tǐwēn ba.

15 看病

乙：多少度？
Duōshao dù?

甲：38度。
Sānshíbā dù.

乙：什么病？
Shénme bìng?

甲：大概感冒了，解开上衣我听听。
Dàgài gǎnmào le, jiěkāi shàngyī wǒ tīngting.

乙：怎么样？
Zěnmeyàng?

甲：是感冒了，吃点儿药，休息休息就好了。
Shì gǎnmào le, chīdiǎnr yào, xiūxi xiūxi jiù hǎo le.

乙：谢谢大夫。
Xièxie dàifu.

甲：不客气。
Bú kèqi.

生词 New Words

1. 看病		kàn bìng	to see a doctor
2. 大夫	(名)	dàifu	doctor
3. 舒服	(形)	shūfu	well
4. 头疼	(形)	tóuténg	headache
5. 咳嗽	(动)	késou	cough
6. 觉得	(动)	juéde	to feel
7. 全身	(名)	quánshēn	whole body
8. 劲儿	(名)	jìnr	strength
9. 发烧	(动)	fāshāo	to have a fever
10. 量	(动)	liáng	to take (one's temperature)
11. 体温	(名)	tǐwēn	temperature
12. 度	(量)	dù	degree
13. 张开	(动)	zhāngkāi	to open
14. 嘴	(名)	zuǐ	mouth; lips
15. 病	(名)	bìng	illness
16. 解开	(动)	jiěkāi	to unfasten
17. 上衣	(名)	shàngyī	coat; jacket
18. 听	(动)	tīng	to listen
19. 嗯	(助)	ng	mmh
20. 感冒	(动)	gǎnmào	to catch a cold
21. 要紧	(形)	yàojǐn	serious
22. 药	(名)	yào	medicine
23. 就	(副)	jiù	just; right after

24. 不过	(连)	búguò	but
25. 注意	(动)	zhùyì	to pay attention to
26. 非常	(副)	fēicháng	very; extremely
27. 累	(形)	lèi	tired
28. 热	(形)	rè	hot
29. 血压	(名)	xuèyā	blood pressure

补充词语 Supplementary Words and Expressions

1. 医院 (名) yīyuàn hospital
2. 医生 (名) yīshēng doctor
3. 护士 (名) hùshi nurse
4. 病人 (名) bìngrén patient
5. 透视 (动) tòushì to have sth. X-rayed
6. 打针 (动) dǎ zhēn to give (have) an injection
7. 针灸 (名) zhēnjiǔ acupuncture

8. 挂号 (动)
   guàhào   to register
9. 病历 (名)
   bìnglì   case history
10. 中医 (名)
    zhōngyī   Traditional Chinese medicine; practitioner of Traditional Chinese medicine
11. 西医 (名)
    xīyī   Western medicine; doctor of Western medicine
12. 药一天三次，每次两片儿。
    Yào yì tiān sān cì, měi cì liǎng piànr.
    Two tablets, three times a day.
13. 上下午各打一针。
    Shàng-xiàwǔ gè dǎ yì zhēn.
    Have an injection both in the morning and the afternoon.

16 在洗衣店 At a Laundry

● 句子 Sentences

151. 劳驾，请给我洗一件衬衣和一条裤子。
 Láojià, qǐng gěi wǒ xǐ yí jiàn chènyī hé yì tiáo kùzi.
 I want to have my shirt and trousers washed, please.

152. 请你把我这套衣服给熨一下。
 Qǐng nǐ bǎ wǒ zhè tào yīfu gěi yùn yíxiàr.
 Will you please have my suit ironed?

153. 什么时候来取？
 Shénme shíhou lái qǔ?
 When can I call for them?

154. 一个星期以后，18号来取。
 Yí ge xīngqī yǐhòu, shíbā hào lái qǔ.
 In a week, say, on the 18th.

155. 能不能早一点儿？我要去上海旅行。
 Néng-bunéng zǎo yìdiǎnr? Wǒ yào qù Shànghǎi lǚxíng.
 Can I collect them at an earlier date?
 You see, I am going to travel to Shanghai.

156. 你打算什么时候走？
 Nǐ dǎsuan shénme shíhou zǒu?
 When are you leaving?

157. 后天晚车走,我明天下午来取,行吗?
Hòutiān wǎnchē zǒu, wǒ míngtiān xiàwǔ lái qǔ, xíng ma?
I'm leaving on a night train the day after tomorrow. Shall I come to fetch them tomorrow afternoon?

158. 这是收据,请你带好。
Zhè shì shōujù, qǐng nǐ dàihǎo.
This is the receipt, please keep it safe.

159. 现在收不收费?
Xiànzài shōu-bushōu fèi?
Shall I pay right now?

160. 不收,取衣服的时候收费。
Bù shōu, qǔ yīfu de shíhou shōu fèi.
No, not now. Please pay when you come to collect your clothes.

● 替换练习 Substitution Drills

1. 请给我〔洗〕〔一件衬衣和一条裤子〕。
   熨熨 / 刮刮 / 买 / 量一量 ◉
   这套衣服 / 脸 / 本书 / 体温

2. 请你把我〔这套衣服〕给〔熨〕一下。
   这件上衣 / 这条裤子 ◉洗

3. 〔一个星期〕以后,18号来取。
   五天 / 半个月

4. 我要去〔上海〕〔旅行〕。
   大使馆 / 机场 / 商店 / 参加招待会 ◉接朋友 / 买东西

5. 你打算〔什么时候走〕?
   什么时候动身 / 哪天去看他 / 哪天去上海旅行

6. 〔后天晚车走,我明天下午来取〕,行吗?
   在这儿抽烟 / 我坐公共汽车去 / 我打个电话

7. 这是收据,请你〔带〕好。
   拿 / 收

对话① Dialogues

甲:劳驾,请给我洗一件衬衣和一条裤子。
Láojià, qǐng gěi wǒ xǐ yí jiàn chènyī hé yì tiáo kùzi.

乙:好。
Hǎo.

甲:什么时候来取?
Shénme shíhou lái qǔ?

乙：一个星期以后。
Yí ge xīngqī yǐhòu.

甲：我要去上海旅行，能不能早一点儿？
Wǒ yào qù Shànghǎi lǚxíng, néng-bunéng zǎo yìdiǎnr?

乙：你打算什么时候走？
Nǐ dǎsuan shénme shíhou zǒu?

甲：后天晚车走，我明天下午来取，行吗？
Hòutiān wǎnchē zǒu, wǒ míngtiān xiàwǔ lái qǔ, xíng ma?

乙：好，你明天下午6点来取吧。
Hǎo, nǐ míngtiān xiàwǔ liù diǎn lái qǔ ba.

甲：好。
Hǎo.

乙：这是收据，请你带好。
Zhè shì shōujù, qǐng nǐ dàihǎo.

甲：现在收不收费？
Xiànzài shōu-bushōu fèi?

乙：不收，取衣服的时候收费。
Bùshōu, qǔ yīfu de shíhou shōu fèi.

甲：再见。
Zàijiàn.

乙：再见。
Zàijiàn.

对话② Dialogues

甲：您好！
Nín hǎo!

乙：您要洗什么？
Nín yào xǐ shénme?

甲：不洗什么，请您把我这套衣服给熨一下。
Bù xǐ shénme, qǐng nín bǎ wǒ zhè tào yīfu gěi yùn yí xià.

乙：好。
Hǎo.

甲：什么时候熨好？
Shénme shíhou yùnhǎo?

乙：明天下午来取吧！
Míngtiān xiàwǔ lái qǔ ba!

甲：对不起，我今天晚上要去参加一个招待会，要穿这套衣服，能不能今天下午来取？
Duìbuqǐ, wǒ jīntiān wǎnshang yào qù cānjiā yí ge zhāodàihuì, yào chuān zhè tào yīfu, néng-bunéng jīntiān xiàwǔ lái qǔ?

乙：好，您下午5点来取，行吗？
Hǎo, nín xiàwǔ wǔ diǎn lái qǔ, xíng ma?

甲：行，谢谢。
Xíng, xièxie.

乙：不客气。
Bú kèqi.

生词　New Words

1.	洗衣店	(名)	xǐyīdiàn	laundry
2.	件	(量)	jiàn	(a measure word)
3.	衬衣	(名)	chènyī	shirt
4.	条	(量)	tiáo	(a measure word)
5.	裤子	(名)	kùzi	trousers
6.	套	(量)	tào	(a measure word)
7.	衣服	(名)	yīfu	clothes
8.	熨	(动)	yùn	to iron
9.	取	(动)	qǔ	to fetch
10.	以后	(方位)	yǐhòu	after
11.	早	(形)	zǎo	early
12.	旅行	(动)	lǚxíng	to travel
13.	打算	(动)	dǎsuan	to plan
14.	后天	(名)	hòutiān	the day after tomorrow
15.	晚车	(名)	wǎnchē	night train
16.	下午	(名)	xiàwǔ	afternoon
17.	收据	(名)	shōujù	receipt
18.	带	(动)	dài	to bring; to take
19.	收	(动)	shōu	to receive; to collect
20.	费	(名)	fèi	fare; fee
21.	本	(量)	běn	(a measure word)
22.	参加	(动)	cānjiā	to attend
23.	招待会	(名)	zhāodàihuì	reception

16 在洗衣店

24. 机场	(名)	jīchǎng	airport
25. 东西	(名)	dōngxi	thing
26. 动身	(动)	dòngshēn	to start off; to set out

● 补充词语 Supplementary Words and Expressions

1. 上午 (名)
   shàngwǔ morning

2. 以前 (方位)
   yǐqián before

3. 西服 (名)
   xīfú (Western) suit

4. 裙子 (名)
   qúnzi skirt

5. 领带 (名)
   lǐngdài tie

6. 毛衣 (名)
   máoyī woollen sweater

7. 床单 (名)
   chuángdān bed sheet

8. 毯子 (名)
   tǎnzi blanket

9. 毛料能干洗吗?
   Máoliào néng gānxǐ ma?
   Can woollen things be dry cleaned?

10. 我想把这件衣服染成黑色。
    Wǒ xiǎng bǎ zhèjiàn yīfu rǎnchéng hēisè.
    I want to have this jacket dyed black.

11. 这儿有个洞,请给织补一下儿。
    Zhèr yǒu ge dòng, qǐng gěi zhībǔ yíxiàr.
    There is a hole. Could you darn it for me please?

换钱 Changing Money

● 句子 Sentences

161. 我想把美元换成人民币。
 Wǒ xiǎng bǎ Měiyuán huànchéng Rénmínbì.
 I want to change some U.S. dollars into Renminbi.

162. 您打算换多少?
 Nín dǎsuan huàn duōshao?
 How much do you wish to change?

163. 我换500美元。
 Wǒ huàn wǔbǎi Měiyuán.
 I want to change 500 dollars.

164. 请您先填一张兑换单。
 Qǐng nín xiān tián yì zhāng duìhuàndān.
 Fill in the form first, please.

165. 今天美元和人民币的兑换率是多少?
 Jīntiān Měiyuán hé Rénmínbì de duìhuànlǜ shì duōshao?
 What's the rate of exchange between the U.S. dollar and Renminbi today?

166. 今天的兑换率是1比6.8。
 Jīntiān de duìhuànlǜ shì yī bǐ liù diǎn bā.
 The rate is 1∶6.8 today.

167. 您的500美元共换成人民币3400元。
Nín de wǔbǎi Měiyuán gòng huànchéng Rénmínbì sān qiān sìbǎi yuán.
That's 3,400 yuan in exchange for your 500 dollars.

168. 这是您兑换的人民币，请点一下。
Zhè shì nín duìhuàn de Rénmínbì, qǐng diǎn yíxià.
Here is the Renminbi for the money you've changed, please have a check.

169. 你是在哪儿兑换的人民币？
Nǐ shì zài nǎr duìhuàn de Rénmínbì?
Where did you exchange your Renminbi?

170. 我在王府井中国银行兑换的。
Wǒ zài Wángfǔjǐng Zhōngguó Yínháng duìhuàn de.
I exchanged them in the Bank of China at Wangfujing.

● 替换练习 Substitution Drills

1. 我想把〔美元〕换成人民币。
   欧元 / 英镑 / 日元

2. 您〔打算〕换多少？
   想 / 准备 / 计划

3. 我换〔500美元〕。
   1000英镑 / 3000欧元 / 10万日元

17 换钱

4. 您的〔500美元〕共换成人民币〔3400元〕。

   100欧元 ／ 100,000日元 ／ 5000英镑◉

   867元 ／ 8100元 ／ 51940元

5. 你是在哪儿〔兑换〕的〔人民币〕?

   换 ／ 买 ／ 打◉ 人民币 ／ 票 ／ 电话

对话① Dialogues

甲：你好，我想把美元换成人民币。
Nǐ hǎo, wǒ xiǎng bǎ Měiyuán huànchéng Rénmínbì.

乙：您打算换多少?
Nín dǎsuan huàn duōshao?

甲：500美元。
Wǔbǎi Měiyuán.

乙：请您先填一张兑换单。
Qǐng nín xiān tián yì zhāng duìhuàndān.

甲：好。请问，今天的兑换率是多少?
Hǎo. Qǐngwèn, jīntiān de duìhuànlǜ shì duōshao?

乙：今天的兑换率是1比6.8。
Jīntiān de duìhuànlǜ shì yī bǐ liù diǎn bā.

甲：给您兑换单。
Gěi nín duìhuàndān.

乙：您的500美元共换成人民币3400元，请您点一下。
Nín de wǔbǎi Měiyuán gòng huànchéng Rénmínbì sān qiān sìbǎi yuán, qǐng nín diǎn yíxià.

甲：好。
Hǎo.

对话② Dialogues

甲：你是在哪儿换的人民币？
Nǐ shì zài nǎr huàn de Rénmínbì?

乙：在中国银行。
Zài Zhōngguó Yínháng.

甲：中国银行在哪儿？
Zhōngguó Yínháng zài nǎr?

乙：在王府井，离百货大楼不远。你想去换吗？
Zài Wángfǔjǐng, lí Bǎihuò Dàlóu bù yuǎn. Nǐ xiǎng qù huàn ma?

甲：是的，我想去换。
Shì de, wǒ xiǎng qù huàn.

乙：你打算先换多少？
Nǐ dǎsuan xiān huàn duōshao?

甲：我打算先换200美元的人民币。你兑换了多少？
Wǒ dǎsuan xiān huàn èrbǎi Měiyuán de Rénmínbì.
Nǐ duìhuànle duō shao?

乙：我也是换了200美元的。
Wǒ yě shì huànle èrbǎi Měiyuán de.

生词　New Words

1. 想	(动)	xiǎng	to want; to think
2. 换成	(动)	huànchéng	to change into
3. 美元	(名)	Měiyuán	U.S. dollar
4. 人民币	(名)	Rénmínbì	Renminbi (Chinese currency)
5. 先	(副)	xiān	first
6. 填	(动)	tián	to fill in
7. 张	(量)	zhāng	(a measure word)
8. 兑换单	(名)	duìhuàndān	exchange form
9. 兑换率	(名)	duìhuànlǜ	rate of exchange
10. 比	(动)	bǐ	to compare
11. 共	(副)	gòng	altogether
12. 兑换	(动)	duìhuàn	to exchange
13. 点	(动)	diǎn	to check; to count
14. 英镑	(名)	Yīngbàng	pound sterling
15. 日元	(名)	Rìyuán	Japanese yen
16. 瑞士	(专名)	Ruìshì	Switzerland
17. 法郎	(名)	Fǎláng	franc
18. 欧元	(名)	Ōuyuán	euro

19. 准备	(动)	zhǔnbèi	to prepare; to intend
20. 计划	(动)	jìhuà	to plan
21. 千	(数)	qiān	thousand
22. 万	(数)	wàn	ten thousand

补充词语 Supplementary Words and Expressions

1. 中国银行 (专名)
   Zhōngguó Yínháng   Bank of China

2. 储蓄所 (名)
   chǔxùsuǒ   savings bank

3. 存折 (名)
   cúnzhé   deposit book

4. 利息 (名)
   lìxi   interest

5. 旅行支票
   lǚxíng zhīpiào   traveller's cheque

6. 港币 (名)
   Gǎngbì   Hong Kong dollar

7. 卢布 (名)
   Lúbù   rouble

8. 存款 (名)
   cúnkuǎn   savings; deposit

9. 外汇牌价
   wàihuì páijià   market quotation of foreign exchange

18 在外文书店 At a Foreign Languages Bookstore

句子 Sentences

171. 有《北京游览图》吗?
 Yǒu *Běijīng Yóulǎntú* ma?
 Have you got a *Beijing Tourist Map*?

172. 你要什么文的?
 Nǐ yào shénme wén de?
 Which language would you like it in?

173. 真不巧,刚卖完。
 Zhēn bù qiǎo, gāng màiwán.
 Unfortunately, the maps have just sold out.

174. 哎呀,怎么办?
 Āiya, zěnme bàn?
 Oh, what can I do?

175. 你买本《北京旅游手册》吧。
 Nǐ mǎi běn *Běijīng Lǚyóu Shǒucè* ba.
 Why don't you buy a copy of the *Beijing Tourist Handbook*?

176. 这本手册比游览图详细,有图,有说明,还有照片儿。
 Zhè běn shǒucè bǐ yóulǎntú xiángxì, yǒu tú, yǒu shuōmíng, háiyǒu zhàopiānr.
 This book has sketch maps, illustrations and photographs, giving you more details than a tourist map.

177. 我想买本汉英词典，哪种好？
Wǒ xiǎng mǎi běn Hàn-Yīng cídiǎn, nǎ zhǒng hǎo?
I want to buy a Chinese-English dictionary.
Could you recommend a good one for me?

178. 北京外国语大学编的《汉英词典》比较好。
Běijīng Wàiguóyǔ Dàxué biān de *Hàn-Yīng Cídiǎn* bǐjiào hǎo.
The *Chinese-English Dictionary* compiled
by Beijing Foreign Studies University is very good.

179. 关于中国针灸的书有哪些？
Guānyú Zhōngguó zhēnjiǔ de shū yǒu nǎxiē?
Are there any books about Chinese acupuncture?

180. 这没有，你到新华书店去看看。
Zhè méiyǒu, nǐ dào Xīnhuá Shūdiàn qù kànkan.
Sorry, there aren't any. You'd better try the Xinhua Bookstore.

● 替换练习 Substitution Drills

1. 你要〔什么文的〕？
   英文的吗 / 中文的吗 / 日文的吗 / 法文的吗

2. 刚〔卖〕完。
   说 / 写 / 看 / 吃 / 喝 / 洗 / 理

3. 这本手册比游览图〔详细〕。
   简单 / 好 / 新

18 在外文书店

4. 关于〔中国针灸〕的书有哪些?

　　语言 / 旅游

5. 中文的,你到〔新华书店〕去〔看看〕。

　　图书大厦 / 中国书店 ◉ 买 / 问问

对话① Dialogues

甲:有《北京游览图》吗?
Yǒu Běijīng Yóulǎntú ma?

乙:您要什么文的?
Nín yào shénme wén de?

甲:英文的。
Yīngwén de.

乙:真不巧,刚卖完。
Zhēn bù qiǎo, gāng màiwán.

甲:哎呀,怎么办?
Āiya, zěnme bàn?

乙:您买本《北京旅游手册》吧!
Nín mǎi běn Běijīng Lǚyóu Shǒucè ba!

甲:好不好?
Hǎo-buhǎo?

乙：这本手册比游览图详细，有图，有说明，还有照片儿。
Zhè běn shǒucè bǐ yóulǎntú xiángxì, yǒu tú, yǒu shuōmíng, háiyǒu zhàopiānr.

甲：好，来一本。
Hǎo, lái yì běn.

乙：还买别的书吗？
Hái mǎi bié de shū ma?

甲：我想买一本汉英词典，哪种好？
Wǒ xiǎng mǎi yì běn Hàn-Yīng cídiǎn, nǎ zhǒng hǎo?

乙：北京外国语大学编的《汉英词典》比较好。
Běijīng Wàiguóyǔ Dàxué biān de *Hàn-Yīng Cídiǎn* bǐjiào hǎo.

甲：好，买一本，有没有关于中国针灸的书？
Hǎo, mǎi yì běn, yǒu-méiyǒu guānyú Zhōngguó zhēnjiǔ de shū?

乙：这没有,您到新华书店去看看。
Zhè méiyǒu, nín dào Xīnhuá Shūdiàn qù kànkan.

甲：谢谢，再见。
Xièxie, zàijiàn.

乙：再见。
Zàijiàn.

● 对 话 ② Dialogues

甲：您要买什么书？
Nín yào mǎi shénme shū?

18 在外文书店

丙：有没有《北京游览图》?
Yǒu-méiyǒu Běijīng Yóulǎntú?

甲：对不起，刚卖完。
Duìbuqǐ, gāng màiwán.

丙：怎么办?
Zěnme bàn?

甲：《北京旅游手册》很好，您买一本吧。
Běijīng Lǚyóu Shǒucè hěn hǎo, nín mǎi yì běn ba.

丙：什么文的?
Shénme wén de?

甲：有英文的和法文的。
Yǒu Yīngwén de hé Fǎwén de.

丙：买一本英文的。
Mǎi yì běn Yīngwén de.

甲：还买别的书吗?
Hái mǎi biéde shū ma?

丙：关于中国语言的书有哪些?
Guānyú Zhōngguó yǔyán de shū yǒu nǎxiē?

甲：这儿没有，您到新华书店去看看。
Zhèr méiyou, nín dào Xīnhuá Shūdiàn qù kànkan.

丙：好吧，再见。
Hǎo ba, zàijiàn.

甲：再见。
Zàijiàn.

生词 New Words

1.	外文	(名)	wàiwén	foreign language
2.	书店	(名)	shūdiàn	bookstore
3.	游览图	(名)	yóulǎntú	tourist map
4.	文	(名)	wén	written language
5.	真	(副)	zhēn	real
6.	巧	(形)	qiǎo	opportune
7.	刚	(副)	gāng	just
8.	卖完		màiwán	to sell out
9.	哎呀	(语气)	āiya	(an interjection)
10.	旅游	(动)	lǚyóu	to tour
11.	手册	(名)	shǒucè	handbook
12.	详细	(形)	xiángxì	detailed
13.	图	(名)	tú	picture; map
14.	说明	(名)	shuōmíng	explanation
15.	汉英词典		Hàn-Yīng cídiǎn	Chinese-English dictionary
16.	编	(动)	biān	to compile
17.	比较	(副)	bǐjiào	comparatively
18.	些	(数)	xiē	some
19.	写	(动)	xiě	to write
20.	简单	(形)	jiǎndān	simple
21.	新	(形)	xīn	new

补充词语 Supplementary Words and Expressions

1. 期刊 (名)
   qīkān
   magazine; periodical

2. 精装本 (名)
   jīngzhuāngběn
   hardback edition

3. 平装本 (名)
   píngzhuāngběn
   paperback edition

4. 作者 (名)
   zuòzhě
   author

5. 译者 (名)
   yìzhě
   translator

6. 编者 (名)
   biānzhě
   editor; compiler

7. 工具书 (名)
   gōngjùshū
   reference book

8. 小说 (名)
   xiǎoshuō
   novel

9. 诗歌 (名)
   shīgē
   poetry

10. 散文 (名)
    sǎnwén
    prose

11. 戏剧 (名)
    xìjù
    drama

12. 作家 (名)
    zuòjiā
    writer

13. 参考书 (名)
    cānkǎoshū
    reference book

14. 古书	(名)	
gǔshū	ancient book	
15. 旧书	(名)	
jiùshū	second-hand book	
16. 线装书	(名)	
xiànzhuāngshū	thread-bound book	

19 在邮局 At a Post Office

句子 Sentences

181. 往伦敦寄一封信，贴多少邮票?
 Wǎng Lúndūn jì yì fēng xìn, tiē duōshao yóupiào?
 What's the postage on a letter to London, please?

182. 你寄平信还是寄挂号信?
 Nǐ jì píngxìn háishi jì guàhàoxìn?
 Do you wish to send it as an ordinary or registered letter?

183. 我寄航空挂号信。
 Wǒ jì hángkōng guàhàoxìn.
 I want to send it by registered airmail.

184. 这封信超重两克，要贴8块2毛的邮票。
 Zhè fēng xìn chāozhòng liǎng kè, yào tiē bā kuài èr máo de yóupiào.
 It's two grammes overweight, the postage will be 8.2 yuan.

185. 到伦敦一般得几天?
 Dào Lúndūn yìbān děi jǐ tiān?
 How long does it usually take to reach London?

186. 有的时候三四天，有的时候一个多星期。
 Yǒude shíhou sān-sì tiān, yǒude shíhou yí gè duō xīngqī.
 Sometimes it takes only three or four days, but sometimes over a week.

187. 寄包裹是不是也在这儿?
Jì bāoguǒ shì-bushì yě zài zhèr?
Can I also send a parcel here?

188. 寄包裹在4号窗口。
Jì bāoguǒ zài sì hào chuāngkǒu.
Parcels are sent at Window No. 4.

189. 那么,给我拿两套纪念邮票吧。
Nàme, gěi wǒ ná liǎng tào jìniàn yóupiào ba.
Then, give me two sets of commemorative stamps, please.

190. 你喜欢哪种,自己挑吧。
Nǐ xǐhuān nǎ zhǒng, zìjǐ tiāo ba.
Which do you prefer? Choose the one you like.

● 替换练习 Substitution Drills

1. 你寄平信还是寄〔挂号信〕?
   航空信 / 航空挂号信

2. 到东京一般得〔几天〕?
   多少天 / 多长时间 / 几个小时

3. 有的时候〔三四天〕,有的时候〔一个多星期〕。
   四五天 / 六七个人 / 半个多月 / 十几个人
   五六天 / 八九个人 / 二十多天 / 二十几个人

4. 〔寄包裹〕是不是也在这儿?
   寄信 / 寄钱 / 寄东西

5. 你喜欢〔哪种〕?
   中文吗 / 北京吗 / 吃中餐吗 / 喝酒吗

对话① Dialogues

甲：往伦敦寄一封信，贴多少邮票?
Wǎng Lúndūn jì yì fēng xìn, tiē duōshao yóupiào?

乙：你寄平信还是寄挂号信?
Nǐ jì píngxìn háishi jì guàhàoxìn?

甲：我寄航空挂号信。
Wǒ jì hángkōng guàhàoxìn.

乙：好。
Hǎo.

甲：超重吗?
Chāozhòng ma?

乙：这封信超重两克，要贴8块2毛的邮票。
Zhè fēng xìn chāozhòng liǎng kè, yào tiē bā kuài èr máo de yóupiào.

甲：请问，到伦敦一般得几天?
Qǐngwèn, dào Lúndūn yìbān děi jǐ tiān?

乙：有的时候三四天，有的时候一个多星期。
Yǒude shíhou sān-sì tiān, yǒude shíhou yí ge duō xīngqī.

甲：寄包裹是不是也在这儿？
Jì bāoguǒ shì-bushì yě zài zhèr?

乙：不，寄包裹在4号窗口。
Bù, jì bāoguǒ zài sì hào chuāngkǒu.

甲：那么，请您给我拿两套纪念邮票吧。
Nàme, qǐng nín gěi wǒ ná liǎng tào jìniàn yóupiào ba.

乙：你喜欢哪种，自己挑吧。
Nǐ xǐhuan nǎ zhǒng, zìjǐ tiāo ba.

对话② Dialogues

甲：我要寄一封信。
Wǒ yào jì yì fēng xìn.

乙：你往哪儿寄？
Nǐ wǎng nǎr jì?

甲：利物浦。
Lìwùpǔ.

乙：你寄平信还是寄挂号信？
Nǐ jì píngxìn háishi jì guàhàoxìn?

甲：我寄平信。
Wǒ jì píngxìn.

乙：寄航空信吗？
Jì hángkōngxìn ma?

甲：对。
Duì.

乙：贴4块4毛的邮票。
Tiē sì kuài sì máo de yóupiào.

甲：请问，什么时候到利物浦？
Qǐngwèn, shénme shíhou dào Lìwùpǔ?

乙：大概5天吧！
Dàgài wǔ tiān ba!

甲：我还要寄几本书。
Wǒ hái yào jì jǐběn shū.

乙：请到那边寄。
Qǐng dào nàbiān jì.

生词　New Words

1. 邮局	(名)	yóujú	post office
2. 伦敦	(专名)	Lúndūn	London
3. 寄	(动)	jì	to post
4. 封	(量)	fēng	(a measure word)
5. 信	(名)	xìn	letter
6. 贴	(动)	tiē	to put on
7. 平信	(名)	píngxìn	ordinary letter
8. 挂号信	(名)	guàhàoxìn	registered letter

9. 航空	(名)	hángkōng	airmail
10. 超重	(动)	chāozhòng	overweight
11. 克	(量)	kè	gramme
12. 一般	(形)	yìbān	general
13. 天	(量、名)	tiān	day
14. 得	(助动)	děi	need; should
15. 有的时候		yǒude shíhou	sometimes
16. 多	(形)	duō	many
17. 包裹	(名)	bāoguǒ	parcel
18. 窗口	(名)	chuāngkǒu	window
19. 那么	(连)	nàme	then; in that case
20. 纪念	(名)	jìniàn	commemoration
21. 喜欢	(动)	xǐhuan	to like
22. 自己	(代)	zìjǐ	oneself
23. 挑	(动)	tiāo	to choose
24. 多长		duō cháng	how long
25. 时间	(名)	shíjiān	time
26. 小时	(名)	xiǎoshí	hour

19 在邮局

● 补充词语　Supplementary Words and Expressions

1. 信箱　　　　　（名）
   xìnxiāng　　　　letter box

2. 信纸　　　　　（名）
   xìnzhǐ　　　　　writing paper

3. 信封　　　　　（名）
   xìnfēng　　　　envelope

4. 明信片　　　　（名）
   míngxìnpiàn　　postcard

5. 收件人　　　　（名）
   shōujiànrén　　addressee

6. 寄件人　　　　（名）
   jìjiànrén　　　　sender

7. 电报　　　　　（名）
   diànbào　　　　telegram

8. 特快专递　　　（名）
   tèkuài zhuāndì　express mail

20 在图书馆 At a Library

句子 Sentences

191. 你在这儿借过书吗?
Nǐ zài zhèr jièguo shū ma?
Have you ever borrowed any books from here?

192. 前几天借过一本。我还想再借一本,可以吗?
Qián jǐ tiān jièguo yì běn. Wǒ hái xiǎng zài jiè yì běn, kěyǐ ma?
I borrowed a book a few days ago. Can I borrow another one?

193. 可以,你带借书证来了吗?
Kěyǐ, nǐ dài jièshūzhèng lái le ma?
Yes, you can. Have you got a library card with you?

194. 带来了。
Dàilái le.
Yes, I have.

195. 你要借什么书?
Nǐ yào jiè shénme shū?
What book do you want?

196. 我要借黄伯荣先生编的《现代汉语》。
Wǒ yào jiè Huáng Bóróng xiānsheng biān de *Xiàndài Hànyǔ*.
I would like to borrow a copy of *Modern Chinese* compiled by Mr Huang Borong.

197. 那本书让人借走了，有胡裕树先生编的行吗？
Nà běn shū ràng rén jièzǒu le, yǒu Hú Yùshù xiānsheng biān de, xíng ma?
Sorry, that book is out. How about the one by Mr Hu Yushu?

198. 好，那就借胡先生编的吧！
Hǎo, nà jiu jiè Hú xiānsheng biān de ba!
OK, then, I will borrow the book by Mr Hu.

199. 我可以借多长时间？
Wǒ kěyǐ jiè duō cháng shíjiān?
How long can I keep it?

200. 两个星期。到时间看不完可以来续借。
Liǎng ge xīngqī. Dào shíjiān kànbuwán kěyǐ lái xùjiè.
Two weeks. If you can't finish it in time you may come and renew it.

● 替换练习 Substitution Drills

1. 你在这儿〔借〕过〔书〕吗？
   看 / 学 / 买 ◉ 电影 / 中文 / 东西

2. 你带〔借书证〕来了吗？
   汉英词典 / 美元 / 邮票

3. 你要〔借〕什么书？
   还 / 买

4. 我要借〔黄伯荣先生编的《现代汉语》〕。
   胡裕树先生编的《现代汉语》
   巴金先生写的《家》 / 茅盾写的《子夜》

5. 那本书〔让〕人借走了，有胡裕树先生编的，行吗？
   叫 / 被 / 给

6. 好，那就〔借胡先生编的〕吧！
   借巴金的《家》 / 去上海旅行 / 出去买

● 对话① Dialogues

甲：你在这儿借过书吗？
Nǐ zài zhèr jièguo shū ma?

乙：前几天借过一本，没有还，我还想再借一本，可以吗？
Qián jǐ tiān jièguo yì běn, méiyǒu huán, wǒ hái xiǎng zài jiè yì běn, kěyǐ ma?

甲：可以，你带借书证来了吗？
Kěyǐ, nǐ dài jièshūzhèng lái le ma?

乙：带来了。
Dàilái le.

20 在图书馆

甲：你要借什么书？
Nǐ yào jiè shénme shū?

乙：我要借黄伯荣先生编的《现代汉语》。
Wǒ yào jiè Huáng Bóróng xiānsheng biān de *Xiàndài Hànyǔ*.

甲：你等一下，我去拿。
Nǐ děng yíxià, wǒ qù ná. ……

乙：对不起，那本书让人借走了，有胡裕树先生编的，行吗？
Duìbuqǐ, nà běn shū ràng rén jièzǒu le, yǒu Hú Yùshù xiānsheng biān de, xíng ma?

甲：好，那就借胡先生编的吧。我可以借多长时间？
Hǎo, nà jiù jiè Hú xiānsheng biān de ba. Wǒ kěyǐ jiè duō cháng shíjiān?

乙：两个星期，到时间看不完，可以来续借。
Liǎng ge xīngqī, dào shíjiān kànbuwán, kěyǐ lái xùjiè.

● 对 话 ② Dialogues

甲：你还书吗？
Nǐ huán shū ma?

乙：不，这本书还没看完，我想续借一个星期。
Bù, zhè běn shū hái méi kànwán, wǒ xiǎng xùjiè yí ge xīngqī.

甲：好，我给你办。
Hǎo, wǒ gěi nǐ bàn.

乙：谢谢。我还想借一本汉英词典。
Xièxie. Wǒ hái xiǎng jiè yì běn Hàn-Yīng cídiǎn.

135

甲：对不起，词典不能借，只能在这儿看。
Duìbuqǐ, cídiǎn bù néng jiè, zhǐ néng zài zhèr kàn.

乙：没关系，那我借一本巴金的《家》吧。有英文的吗？中文的我还看不懂。
Méi guānxi, nà wǒ jiè yì běn Bājīn de *Jiā* ba. Yǒu Yīngwén de ma? Zhōngwén de wǒ hái kànbudǒng.

甲：有英文的，我去取。
Yǒu Yīngwén de, wǒ qù qǔ.

乙：谢谢。什么时候还？
Xièxie, shénme shíhou huán?

甲：16号以前还。
Shíliù hào yǐqián huán.

生词 New Words

1. 借	(动)	jiè	to borrow
2. 过	(助)	guò	(an aspectual particle)
3. 可以	(助动)	kěyǐ	can; may
4. 借书证	(名)	jièshūzhèng	library card
5. (带)来	(趋动)	(dài) lái	bring
6. 现代	(名)	xiàndài	modern
7. 让	(介)	ràng	by
8. 看不完		kànbuwán	cannot finish reading (a book etc.)

9. 续借		xùjiè	to renew
10. 电影	(名)	diànyǐng	film
11. 学	(动)	xué	to study
12. 还	(动)	huán	to return
13.《家》	(名)	jiā	*Family*
14. 被	(介)	bèi	by
15. 下(星期)	(名)	xià(xīngqī)	next (week)

补充词语 Supplementary Words and Expressions

1. 阅览室 (名)
   yuèlǎnshì   reading room

2. 借书处 (名)
   jièshūchù   issue desk

3. 书库 (名)
   shūkù   stack

4. 开馆
   kāi guǎn   to open (of a library)

5. 闭馆
   bì guǎn   to close (of a library)

6. 还书日期
   huán shū rìqī   due date

7. 全集 (名)
   quánjí   complete works

8. 选集	(名)
xuǎnjí	selected works
9. 人民日报	(专名)
Rénmín Rìbào	*People's Daily*
10. 北京周报	(专名)
Běijīng Zhōubào	*Beijing Review*
11. 目录卡片	
mùlù kǎpiàn	catalogue card

在照相馆
At a Photo Studio

● 句子 Sentences

201. 你看，那个窗子里面摆着照片儿的，就是中国照相馆。
Nǐ kàn, nà ge chuāngzi lǐmian bǎizhe zhàopiānr de, jiùshì Zhōngguó Zhàoxiàngguǎn.
Look, the place with the photographs on display in the windows! That's the China Photo Studio.

202. 我要洗照片儿。
Wǒ yào xǐ zhàopiānr.
I want to have these photographs developed.

203. 胶卷儿的还是数码的？
Jiāojuǎnr de háishi shùmǎ de?
Film or digital photos?

204. 请给放大成七寸的，每个洗两张。
Qǐng gěi fàngdà chéng qī cùn de, měi ge xǐ liǎng zhāng.
I would like these photographs enlarged to size 5×7, two prints of each.

205. 什么时候来取？
Shénme shíhou lái qǔ?
When can I get them back?

206. 你看我照得怎么样？
Nǐ kàn wǒ zhào de zěnmeyàng?
How do you think I came out in this photo?

207. 你照得好极了，在你旁边站着的那个人是谁?
Nǐ zhào de hǎo jí le, zài nǐ pángbiānr zhànzhe de nà ge rén shì shuí?
You came out very well. Who is the man standing beside you?

208. 是陪着我们参观的一位中国朋友，姓王。
Shì péizhe wǒmen cānguān de yí wèi Zhōngguó péngyou, xìng Wáng.
That's Wang, a Chinese friend who accompanied us during our tour.

209. 你说照得好，那就把这张照片儿再放大一张，送给这位王先生。
Nǐ shuō zhào de hǎo, nà jiù bǎ zhè zhāng zhàopiānr zài fàngdà yì zhāng, sònggěi zhè wèi Wáng xiānsheng.
You said this photo had come out well, so could you please make one more enlargement? I would like to give it to Mr Wang.

210. 我也想要一张，请让他放大两张吧。
Wǒ yě xiǎng yào yì zhāng, qǐng ràng tā fàngdà liǎng zhāng ba.
I like to have a copy too. Let's ask him to make two enlargements.

21 在照相馆

● 替换练习 Substitution Drills

1. 你看,那个窗子里面〔摆着〕照片的,就是中国照相馆。
   挂着 / 放着

2. 我要〔冲洗照片儿〕。
   照相 / 照半身相 / 洗两张照片 / 洗两张两寸的

3. 请给缩小/放大成〔七寸〕的,每个洗〔两张〕。
   二寸 / 六寸 / 八寸 / 十二寸
   四张 / 两张 / 三张 / 一张

4. 你看我〔照〕得怎么样?
   写 / 说 / 唱

5. 你照得好极了,在你〔旁边站着〕的那个人是谁?
   前边坐着 / 左边立着

6. 你说照得好,那就把这张照片再放大一张四寸的,〔送给〕这位王先生。
   寄给

7. 我也想要一张,请让他〔放大两张〕吧。
   再放大一张 / 多放大一张 / 再洗一张 / 多洗一张

对话① Dialogues

甲：劳驾，中国照相馆在哪儿？
Láojià, Zhōngguó Zhàoxiàngguǎn zài nǎr?

乙：你看，那个窗子里面摆着照片儿的就是。
Nǐ kàn, nà ge chuāngzi lǐmiàn bǎizhe zhàopiānr de jiùshì.

甲：谢谢。
Xièxie.

乙：不客气。……
Bú kèqi.……

对话② Dialogues

甲：我要洗照片儿。
Wǒ yào xǐ zhàopiānr.

丙：胶卷儿的还是数码的？
Jiāojuǎnr de háishi shùmǎ de?

甲：数码的。
Shùmǎ de.

丙：好，洗成什么样？
Hǎo, xǐchéng shénmeyàng?

甲：请给放大成七寸的，每个洗两张。
Qǐng gěi fàngdà chéng qī cùn de, měi ge xǐ liǎng zhāng.

丙：好。
Hǎo.

21 在照相馆

甲:什么时候来取?
Shénme shíhou lái qǔ?

丙:21号来取。
Èrshíyī hào lái qǔ.

甲:我来取照片儿。
Wǒ lái qǔ zhàopiānr.

丙:好,给您。
Hǎo, gěi nín.

甲:谢谢。安娜,你看我照得怎么样?
Xièxie. Ānnà, nǐ kàn wǒ zhào de zěnmeyàng?

丁:你照得好极了。在哪儿照的?
Nǐ zhào de hǎo jí le. Zài nǎr zhào de?

甲:在颐和园。
Zài Yíhéyuán.

丁:在你旁边站着的那个人是谁?
Zài nǐ pángbiān zhànzhe de nà ge rén shì shuí?

甲:是陪着我们参观的一位中国朋友,姓王。你说照得好,那就把这张照片再放大一张,送给这位王先生。
Shì péizhe wǒmen cānguān de yí wèi Zhōngguó péngyou, xìng Wáng. Nǐ shuō zhào de hǎo, nà jiù bǎ zhè zhāng zhàopiānr zài fàngdà yì zhāng, sònggěi zhè wèi Wáng xiānsheng.

丁:我也想要一张。
Wǒ yě xiǎng yào yì zhāng.

甲：那就让他再多放大一张。
Nà jiù ràng tā zài duō fàngdà yì zhāng.

丁：好，谢谢你。
Hǎo, xièxie nǐ.

生词　New Words

1.	照相馆	(名)	zhàoxiàngguǎn	photographic studio
2.	摆着		bǎizhe	to put (on display)
3.	照片儿	(名)	zhàopiānr	photo
4.	冲洗	(动)	chōngxǐ	to develop
5.	胶卷儿	(名)	jiāojuǎnr	film
6.	数码	(形)	shùmǎ	digital
7.	卷儿	(量)	juǎnr	roll (a measure word)
8.	放大	(动)	fàngdà	to enlarge
9.	寸	(量)	cùn	inch (a measure word)
10.	洗(照片儿)	(动)	xǐ(zhàopiānr)	to print (a photograph)
11.	照	(动)	zhào	to take (a photograph)
12.	好极了		hǎo jí le	excellent
13.	旁边	(方位)	pángbiān	side
14.	站	(动)	zhàn	to stand
15.	陪	(动)	péi	to accompany
16.	送给		sònggěi	to present sth. as a gift

21 在照相馆

17. 放	(动)	fàng	to place
18. 半身	(名)	bànshēn	half-length (photograph)
19. 唱	(动)	chàng	to sing

补充词语 Supplementary Words and Expressions

1. 照相机 (名)
   zhàoxiàngjī camera

2. 底片 (名)
   dǐpiàn negative

3. 镜头 (名)
   jìngtóu lens

4. 快门儿 (名)
   kuàiménr shutter

5. 感光 (动)
   gǎnguāng to expose

6. 相册 (名)
   xiàngcè album

7. 相角儿 (名)
   xiàngjiǎor angled photo fixer

8. 我的照相机坏了，你们这里能修吗？
   Wǒ de zhàoxiàngjī huài le, nǐmen zhèlǐ néng xiū ma?
   Something has gone wrong with my camera. Can you fix it for me?

22 游览北京
Sightseeing in Beijing

● 句子 Sentences

211. 你来北京多久了?
 Nǐ lái Běijīng duō jiǔ le?
 How long have you been in Beijing?

212. 我来北京一个半月了。
 Wǒ lái Běijīng yí ge bàn yuè le.
 I've been in Beijing for six weeks.

213. 你以前来过北京吗?
 Nǐ yǐqián láiguo Běijīng ma?
 Have you been to Beijing before?

214. 没有,这是第一次来中国。
 Méiyou, zhè shì dì-yī cì lái Zhōngguó.
 No, this is my first time to China.

215. 你去过哪些地方?
 Nǐ qùguo nǎxiē dìfang?
 What places have you visited?

216. 我去过天安门、故宫和颐和园。
 Wǒ qùguo Tiān'ānmén, Gùgōng hé Yíhéyuán.
 I've been to Tian'anmen, the Palace Museum and the Summer Palace.

217. 你到长城去玩儿过没有?
Nǐ dào Chángchéng qù wánrguo méiyǒu?
Have you visited the Great Wall?

218. 上星期日，我本来想去，因为下雨，没有去成。
Shàng-xīngqīrì, wǒ běnlái xiǎng qù, yīnwèi xià yǔ, méiyǒu qùchéng.
I wanted to go there last Sunday, but I couldn't because it was raining.

219. 除了这些地方以外，北京还有哪些名胜古迹?
Chúle zhèxiē dìfang yǐwài, Běijīng háiyǒu nǎxiē míngshèng gǔjì?
What other scenic spots and historical sites are there in Beijing besides these?

220. 香山、十三陵、西山、天坛……好玩儿的地方可多了。
Xiāngshān, Shísānlíng, Xīshān, Tiāntán…hǎowánr de dìfang kě duō le.
There are the Fragrant Hills, the Ming Tombs, the West Hills, the Temple of Heaven, and many other beautiful places to visit.

● 替换练习 Substitution Drills

1. 你〔来〕北京多久了?
   在 / 到

2. 你以前来过〔北京〕吗?
   上海 / 美国 / 日本 / 巴黎

3. 你到长城〔去〕〔玩儿〕过没有?
   来　◉　游览　/　参观

4. 上星期日，我本来想去，因为〔下雨〕，没有去成。
   有事　/　来了个客人　/　安娜来看我

5. 除了〔这些地方〕以外，北京还有哪些名胜古迹?
   长城　/　香山　/　天坛　/　故宫

对话① Dialogues

甲：你来北京多久了?
　　Nǐ lái Běijīng duō jiǔ le?

乙：我来北京一个半月了。
　　Wǒ lái Běijīng yí gè bàn yuè le.

甲：你以前来过北京吗?
　　Nǐ yǐqián láiguo Běijīng ma?

乙：没有，这是第一次来中国。
　　Méiyǒu, zhè shì dì-yī cì lái Zhōngguó.

甲：你去过哪些地方?
　　Nǐ qùguo nǎxiē dìfang?

乙：我去过天安门、故宫和颐和园。
　　Wǒ qùguo Tiān'ānmén, Gùgōng hé Yíhéyuán.

22 游览北京

甲：你到长城去玩儿过没有？
Nǐ dào Chángchéng qù wánrguo méiyou?

乙：上星期日，我本来想去，因为下雨，没有去成。
Shàng-xīngqīrì, wǒ běnlái xiǎng qù, yīnwèi xià yǔ, méiyǒu qù chéng.

甲：你以后去吧。
Nǐ yǐhòu qù ba.

乙：除了这些地方以外，北京还有哪些名胜古迹？
Chúle zhèxiē dìfang yǐwài, Běijīng háiyǒu nǎxiē míngshèng gǔjì?

甲：香山、十三陵、西山、天坛……好玩儿的地方可多了。
Xiāngshān, Shísānlíng, Xīshān, Tiāntán... hǎowánr de dìfang kě duō le.

● 对话② Dialogues

甲：你以前来过中国吗？
Nǐ yǐqián láiguo Zhōngguó ma?

乙：没有。
Méiyǒu.

甲：你什么时候来中国的？
Nǐ shénme shíhou lái Zhōngguó de?

乙：七月。
Qīyuè.

甲：你去过北京哪些地方？
Nǐ qùguo Běijīng nǎxiē dìfang?

乙：我去过天安门。
Wǒ qùguo Tiān'ānmén.

甲：没到天坛去吗？
Méi dào Tiāntán qù ma?

乙：没有。
Méiyǒu.

甲：天坛可该去。
Tiāntán kě gāi qù.

乙：我以后一定去，因为我们现在学习很忙没能去。
Wǒ yǐhòu yídìng qù, yīnwèi wǒmen xiànzài xuéxí hěn máng, méi néng qù.

甲：除了天坛以外，北京还有很多好玩儿的地方。
Chúle Tiāntán yǐwài, Běijīng háiyǒu hěn duō hǎowánr de dìfang.

乙：以后你和我一起去玩儿玩儿，好吗？
Yǐhòu nǐ hé wǒ yìqǐ qù wánrwanr, hǎo ma?

甲：好。
Hǎo.

乙：谢谢你。
Xièxie nǐ.

甲：不用谢。
Bú yòng xiè.

22 游览北京

生词 New Words

1. 游览	(动)	yóulǎn	to go sightseeing
2. (第一)次	(量)	(dì-yī)cì	(the first) time
3. 故宫	(专名)	Gùgōng	the Palace Museum
4. 玩儿	(动)	wánr	to visit for pleasure
5. 上(星期日)	(名)	shàng (xīngqīrì)	last (Sunday)
6. 本来	(副)	běnlái	originally
7. 因为	(连)	yīnwèi	because
8. 下雨		xià yǔ	to rain
9. 除了	(介)	chúle	besides; except
10. 名胜古迹		míngshèng gǔjì	scenic spots and historical sites
11. 香山	(专名)	Xiāngshān	the Fragrant Hills
12. 十三陵	(专名)	Shísānlíng	the Ming Tombs
13. 西山	(专名)	Xīshān	the West Hills
14. 天坛	(专名)	Tiāntán	the Temple of Heaven
15. 好玩儿	(形)	hǎowánr	interesting; beautiful
16. 可	(副)	kě	(an adverb used for emphasis)
17. 有事		yǒu shì	to be engaged
18. 客人	(名)	kèren	guest

补充词语 Supplementary Words and Expressions

1. 中山公园　　　　　(专名)
   Zhōngshān Gōngyuán　Zhongshan Park

2. 劳动人民文化宫　　(专名)
   Láodòng Rénmín Wénhuàgōng
   the Working People's Cultural Palace

3. 首都体育馆　　　　(专名)
   Shǒudū Tǐyùguǎn　　the Capital Gymnasium

4. 八达岭　　　　　　(专名)
   Bādálǐng　　　　　　Badaling

5. 人民大会堂　　　　(专名)
   Rénmín Dàhuìtáng　the Great Hall of the People

6. 这里风景美极了。
   Zhèlǐ fēngjǐng měi jí le.　　The scenery is most beautiful here.

23 看电视 Watching TV

● 句 子 Sentences

221. 昨天晚上你干什么来着?
 Zuótiān wǎnshang nǐ gàn shénme láizhe?
 What did you do last night?

222. 昨天晚上我在安娜那儿谈天儿来着。
 Zuótiān wǎnshang wǒ zài Ānnà nàr tántiānr láizhe.
 I had a chat with Anna in her room last night.

223. 你看没看电视?
 Nǐ kàn-meikàn diànshì?
 Did you watch TV?

224. 没看,有什么好节目?
 Méi kàn, yǒu shénme hǎo jiémù?
 No, I didn't. Were there any good programmes on?

225. 昨天电视里有足球比赛。
 Zuótiān diànshì lǐ yǒu zúqiú bǐsài.
 There was a football match on TV yesterday.

226. 哪个队对哪个队?
 Nǎ ge duì duì nǎ ge duì?
 Between which teams?

227. 中国青年队对国家队，踢得精彩极了。
Zhōngguó Qīngniánduì duì Guójiāduì, tī de jīngcǎi jí le.
Between the Chinese Youth Team and the National Team. It was excellent.

228. 谁赢了？
Shuí yíng le?
Who won the game?

229. 中国青年队，比分是三比二。
Zhōngguó Qīngniánduì, bǐfēn shì sān bǐ èr.
The Chinese Youth Team, three to two.

230. 要是以后再有足球比赛，请你叫我一声。
Yàoshi yǐhòu zài yǒu zúqiú bǐsài, qǐng nǐ jiào wǒ yìshēng.
Please let me know if there are any football matches on in future.

● 替换练习 Substitution Drills

1. 〔昨天晚上〕你干什么来着？
   昨天下午 / 前天上午 前天下午

2. 昨天晚上我在安娜那儿〔谈天儿〕来着。
   看电视 / 谈话 / 听录音

3. 你看没看〔电视〕？
   电影 / 足球比赛 / 篮球比赛 / 排球比赛

4. 有什么〔好节目〕?
   好电影 / 好电视

5. 〔踢〕得〔精彩极了。〕
   打　　好极了　　怎么样?

6. 谁〔赢〕了?
   输

7. 要是〔以后〕再有足球比赛，请你叫我一声。
   明天 / 我们学校

● 对话① Dialogues

甲：昨天晚上你干什么来着?
Zuótiān wǎnshang nǐ gàn shénme láizhe?

乙：昨天晚上我在安娜那儿谈天儿来着。
Zuótiān wǎnshang wǒ zài Ānnà nàr tántiānr láizhe.

甲：你看没看电视?
Nǐ kàn-meikàn diànshì?

乙：没有，有什么好节目?
Méiyǒu, Yǒu shénme hǎo jiémù?

甲：昨天电视里有足球比赛。
Zuótiān diànshì lǐ yǒu zúqiú bǐsài.

乙：哪个队对哪个队？
Nǎ ge duì duì nǎ ge duì?

甲：中国青年队对国家队。
Zhōngguó Qīngniánduì duì Guójiāduì.

乙：踢得怎么样？
Tī de zěnmeyàng?

甲：踢得精彩极了。
Tī de jīngcǎi jí le.

乙：谁赢了？
Shuí yíng le?

甲：中国青年队。
Zhōngguó Qīngniánduì.

乙：比分是多少？
Bǐfēn shì duōshao?

甲：三比二。
Sān bǐ èr.

乙：要是以后再有足球比赛，请你叫我一声。
Yàoshi yǐhòu zài yǒu zúqiú bǐsài, qǐng nǐ jiào wǒ yìshēng.

甲：好。
Hǎo.

23 看电视

● 对 话② Dialogues

甲：你喜欢看篮球比赛吗？
Nǐ xǐhuan kàn lánqiú bǐsài ma?

乙：喜欢，我就喜欢看篮球比赛。
Xǐhuan, wǒ jiù xǐhuan kàn lánqiú bǐsài.

甲：昨天晚上电视里有篮球比赛，你看了没有？
Zuótiān wǎnshang diànshì lǐ yǒu lánqiú bǐsài, nǐ kànle méiyǒu?

乙：没有。
Méiyǒu.

甲：你怎么没看？
Nǐ zěnme méi kàn?

乙：我不知道电视里有。
Wǒ bù zhīdào diànshì lǐ yǒu.

甲：你干什么来着？
Nǐ gàn shénme láizhe?

乙：我看书来着。哪个队对哪个队？
Wǒ kàn shū láizhe. Nǎ ge duì duì nǎ ge duì?

甲：北京队对八一队。
Běijīngduì duì Bāyīduì.

乙：他们打得怎么样？
Tāmen dǎ de zěnmeyàng?

甲：他们打得好极了。
Tāmen dǎde hǎo jí le.

乙：要是明天再有，请告诉我一声。
Yàoshi míngtiān zài yǒu, qǐng gàosu wǒ yìshēng.

甲：好。
Hǎo.

生词　New Words

1. 电视	(名)	diànshì	television
2. 干什么		gàn shénme	what sb. does
3. 来着	(助)	láizhe	(an aspectual particle used to indicate an action that took place in the past)
4. 谈天儿	(动)	tántiānr	to chat
5. 节目	(名)	jiémù	programme
6. 足球	(名)	zúqiú	football
7. 比赛	(动、名)	bǐsài	to compete; match
8. 队	(名)	duì	team
9. 对	(动)	duì	to play against; versus
10. 青年	(名)	qīngnián	youth
11. 国家	(名)	guójiā	state; nation
12. 踢	(动)	tī	to kick; to play
13. 精彩	(形)	jīngcǎi	excellent
14. 赢	(动)	yíng	to win
15. 比分	(名)	bǐfēn	score
16. 要是	(连)	yàoshi	if

17. 谈话	(动)	tánhuà	to talk
18. 录音	(名)	lùyīn	recording
19. 篮球	(名)	lánqiú	basketball
20. 排球	(名)	páiqiú	volleyball
21. 输	(动)	shū	to lose

● 补充词语 Supplementary Words and Expressions

1. 垒球 (名)
   lěiqiú softball

2. 游泳 (名)
   yóuyǒng swimming

3. 滑冰 (名)
   huá bīng skating

4. 划船 (名)
   huá chuán boating; rowing

5. 滑雪 (名)
   huá xuě skiing

6. 举重 (名)
   jǔzhòng weight lifting

7. 打太极拳 (动)
   dǎ Tàijíquán to do tai chi chuan

8. 冠军 (名)
   guànjūn champion

9. 亚军 (名)
   yàjūn runner-up

24 看京剧 Watching Peking Opera

句子 Sentences

231. 你对中国的京剧感兴趣吗?
Nǐ duì Zhōngguó de Jīngjù gǎn xìngqù ma?
Are you interested in Peking Opera?

232. 没看过,听说很有意思,这次来中国,我一定看看。
Méi kànguo, tīngshuō hěn yǒu yìsi, zhè cì lái Zhōngguó wǒ yídìng kànkan.
I've never seen it before. They say it's very interesting. I'll definitely go and watch one while in China this time.

233. 今天晚上学校组织我们去看京剧,你去吗?
Jīntian wǎnshang xuéxiào zǔzhī wǒmen qù kàn Jīngjù, nǐ qù ma?
This evening the school has arranged for us to see a Peking Opera. Would you like to go?

234. 那可太好了,是哪个剧团演的?演什么戏?
Nà kě tài hǎo le, shì nǎge jùtuán yǎn de? Yǎn shénme xì?
That's wonderful. Which troupe will perform? And which opera are they performing?

235. 中国京剧院三团演的,演的是《杨门女将》,地点在国家大剧院。
Zhōngguó Jīngjùyuàn Sāntuán yǎn de, yǎn de shì *Yángmén Nǚjiàng*, dìdiǎn zài Guójiā Dà Jùyuàn.

It's *The Women Generals of the Yang Family* by the Third Peking Opera Troupe of China at the National Centre for the Performing Arts.

236. 这出戏的内容是什么？你知道吗？
 Zhè chū xì de nèiróng shì shénme? Nǐ zhīdao ma?
 Do you know what the opera is about?

237. 听说是歌颂中国古代的一些女英雄。
 Tīngshuō shì gēsòng Zhōngguó gǔdài de yìxiē nǚ yīngxióng.
 They say it is in praise of some of the heroines of ancient China.

238. 几点开演？
 Jǐ diǎn kāiyǎn?
 When will it start?

239. 七点开演，学校有车，六点一刻出发。
 Qī diǎn kāiyǎn, xuéxiào yǒu chē, liù diǎn yí kè chūfā.
 At seven. The school bus is leaving at 6:15.

240. 请大家记住开车时间，按时上车。
 Qǐng dàjiā jìzhù kāichē shíjiān, ànshí shàng chē.
 Please remember the departure time, everyone, and don't be late.

替换练习 Substitution Drills

1. 你对〔中国的京剧〕感兴趣吗?
   音乐 / 足球 / 旅行

2. 听说〔杨门女将〕很有意思。
   那本小说 / 这个电影

3. 学校组织我们〔去看京剧〕,你去吗?
   看电影 / 去旅行 / 去长城 / 游览北京

4. 〔这出戏〕的内容是什么?
   这本书 / 这个电影 / 这本杂志

5. 六点一刻〔出发〕。
   动身 / 去 / 走

对话① Dialogues

甲:你对中国的京剧感兴趣吗?
Nǐ duì Zhōngguó de Jīngjù gǎn xìngqù ma?

乙:没看过,听说很有意思。这次来中国,我一定看看。
Méi kànguo. tīngshuō hěn yǒu yìsi. Zhè cì lái Zhōngguó, wǒ yídìng kànkan.

24 看京剧

甲：今天晚上学校组织我们去看京剧，你去吗？
Jīntiān wǎnshang xuéxiào zǔzhī wǒmen qù kàn Jīngjù, nǐ qù ma?

乙：那可太好了。是哪个剧团演的？演什么戏？
Nà kě tài hǎo le. Shì nǎge jùtuán yǎn de? Yǎn shénme xì?

甲：《杨门女将》，中国京剧院三团演的。
Yángmén Nǚjiàng, Zhōngguó Jīngjùyuàn Sāntuán yǎn de.

乙：在哪儿演？
Zài nǎr yǎn?

甲：在国家大剧院。
Zài Guójiā Dà Jùyuàn.

乙：这出戏的内容你知道吗？
Zhè chū xì de nèiróng nǐ zhīdao ma?

甲：听说是歌颂中国古代的一些女英雄。
Tīngshuō shì gēsòng Zhōngguó gǔdài de yìxiē nǚ yīngxióng.

乙：几点开演？
Jǐ diǎn kāiyǎn?

甲：七点。学校有车，六点一刻出发。
Qī diǎn. Xuéxiào yǒu chē, liù diǎn yí kè chūfā.

乙：好，我一定按时上车。
Hǎo, wǒ yídìng ànshí shàng chē.

对话 ② Dialogues

甲：你也看京剧来了？
Nǐ yě kàn jīngjù lái le?

乙：是啊。
Shì a.

甲：怎么在车上没有看见你？
Zěnme zài chēshang méiyǒu kànjiàn nǐ?

乙：我是自己坐车来的，没有坐学校的车。
Wǒ shì zìjǐ zuò chē lái de, méiyǒu zuò xuéxiào de chē.

甲：你怎么没坐学校的车？
Nǐ zěnme méi zuò xuéxiào de chē?

乙：我下午不在学校，到故宫去了。我是从故宫到这儿来的。
Wǒ xiàwǔ bú zài xuéxiào, dào Gùgōng qù le. Wǒ shì cóng Gùgōng dào zhèr lái de.

甲：你以前看过京剧吗？
Nǐ yǐqián kànguo Jīngjù ma?

乙：在伦敦看过。
Zài Lúndūn kànguo.

甲：你这次到中国来看过吗？
Nǐ zhè cì dào Zhōngguó lái kànguo ma?

乙：没有，今天是第一次。你呢？
Méiyǒu, jīntiān shì dì-yī cì. Nǐ ne?

甲：我也是第一次。
　　Wǒ yě shì dì-yī cì.

生词　New Words

1. 京剧	(名)	jīngjù	Peking Opera
2. 感兴趣		gǎn xìngqù	to be interested in
3. 听说		tīngshuō	It is said that ...; they say ...
4. 有意思		yǒu yìsi	interesting
5. 一定	(副)	yídìng	definitely; certainly
6. 学校	(名)	xuéxiào	school (a general term)
7. 组织	(动)	zǔzhī	to organize
8. 演	(动)	yǎn	to perform; to act
9. 戏	(名)	xì	play; drama; opera
10. 京剧院	(名)	jīngjùyuàn	Beijing Opera Troupe
11. (三)团	(名)	(sān)tuán	(3rd) troupe
12. 地点	(名)	dìdiǎn	place
13. 《杨门女将》		Yángmén Nǚjiàng	The Women Generals of the Yang Family
14. 出	(量)	chū	(a measure word)
15. 内容	(名)	nèiróng	content
16. 歌颂	(动)	gēsòng	to eulogize; to praise
17. 古代	(名)	gǔdài	ancient times
18. 女	(名)	nǚ	female

19. 英雄	(名)	yīngxióng	hero; heroine
20. 开演	(动)	kāiyǎn	to start (a performance)
21. 出发	(动)	chūfā	to set out
22. 记住	(动)	jìzhù	to remember
23. 开车	(动)	kāi chē	to leave; to depart (of a bus or train etc.)
24. 按时	(副)	ànshí	on time
25. 音乐	(名)	yīnyuè	music

补充词语 Supplementary Words and Expressions

1. 话剧 (名)
   huàjù
   (stage) play

2. 舞蹈 (名)
   wǔdǎo
   dance

3. 悲剧 (名)
   bēijù
   tragedy

4. 喜剧 (名)
   xǐjù
   comedy

5. 歌剧 (名)
   gējù
   opera

6. 杂技 (名)
   zájì
   acrobatics

7. 木偶戏 (名)
   mù'ǒuxì
   puppet show

8. 演员 yǎnyuán	(名) actor; actress
9. 导演 dǎoyǎn	(名) director
10. 乐队 yuèduì	(名) band
11. 布景 bùjǐng	(名) scenery; setting
12. 独唱 dúchàng	(名) solo
13. 合唱 héchàng	(名) chorus

25 看电影 Seeing a Film

句子 Sentences

241. 你在做什么呢?
Nǐ zài zuò shénme ne?
What are you doing?

242. 我在听音乐呢。
Wǒ zài tīng yīnyuè ne.
I'm listening to music.

243. 附近电影院演一部新电影,你看不看?
Fùjìn diànyǐngyuàn yǎn yí bù xīn diànyǐng, nǐ kàn-bukàn?
A new film is showing in a nearby cinema. Would you like to see it?

244. 什么片子?
Shénme piānzi?
Which film is it?

245. 《断背山》,奥斯卡获奖影片。
Duànbèishān, Àosīkǎ huòjiǎng yǐngpiàn.
It's *Brokeback Mountain*, an Oscar winning film.

246. 看,快去买票吧!
Kàn, kuài qù mǎi piào ba!
I'd like to see it. Go and get the tickets at once!

247. 我已经买来了，座位很不错，楼下15排2、4、6号。
Wǒ yǐjīng mǎilái le, zuòwèi hěn búcuò, lóuxià shíwǔ pái èr, sì, liù hào.
I've already got the tickets. They are good ones: 15th row in the stalls, seats 2, 4 and 6.

248. 差十分钟就要开演了。
Chà shí fēnzhōng jiù yào kāiyǎn le.
The film will begin in ten minutes.

249. 我要回宿舍取眼镜。
Wǒ yào huí sùshè qǔ yǎnjìng.
I'm going to my room to fetch my spectacles.

250. 我们等你，越快越好。
Wǒmen děng nǐ, yuè kuài yuè hǎo.
We'll wait for you, but the quicker the better.

● 替换练习 Substitution Drills

1. 〔我〕在〔听音乐〕呢。

    他 ／我朋友 ／张老师 ／他们

    写信 ／看电视 ／看报 ／喝茶

2. 我已经〔买来〕了。

    洗完 ／看完 ／去过

3. 就要〔开演〕了。

    下雨 ／走 ／上课 ／下课 ／写完

4. 我要回〔宿舍〕取〔眼镜〕。
 家 / 学校 ◉ 件衣服 / 本书

5. 越〔快〕越〔好〕。
 多 / 看 ◉ 好 / 喜欢看

对话① Dialogues

甲：你在做什么呢？
Nǐ zài zuò shénme ne?

乙：我在听音乐呢。
Wǒ zài tīng yīnyuè ne.

甲：附近电影院演一部新电影，你看不看？
Fùjìn diànyǐngyuàn yǎn yí bù xīn diànyǐng, nǐ kàn-bukàn?

乙：什么片子？
Shénme piānzi?

甲：《断背山》，奥斯卡获奖影片。
Duànbèishān, Àosīkǎ huòjiǎng yǐngpiàn.

乙：看，快去买票。
Kàn, kuài qù mǎi piào.

甲：我已经买来了，座位很不错，楼下15排2、4、6号。
Wǒ yǐjīng mǎilái le, zuòwèi hěn búcuò, lóuxià shíwǔ pái èr, sì, liù hào.

乙：什么时候开演？
Shénme shíhou kāiyǎn?

甲：差十分钟就要开演了。
Chà shí fēnzhōng jiù yào kāiyǎn le.

乙：我要回宿舍取眼镜。
Wǒ yào huí sùshè qǔ yǎnjìng.

甲：快，我们等你，越快越好。
Kuài, wǒmen děng nǐ, yuè kuài yuè hǎo.

对话② Dialogues

甲：约翰在做什么呢？
Yuēhàn zài zuò shénme ne?

乙：他在看书呢。
Tā zài kàn shū ne.

甲：五道口电影院现在演《百万宝贝》，你看不看？
Wǔdàokǒu Diànyǐngyuàn xiànzài yǎn *Bǎi-wàn Bǎobèi*, nǐ kàn-bukàn?

乙：有意思吗？
Yǒu yìsi ma?

甲：听说很有意思。
Tīngshuō hěn yǒu yìsi.

乙：你买票了吗？
Nǐ mǎi piào le ma?

甲：我已经买了三张。
Wǒ yǐjīng mǎile sān zhāng.

乙：好，我去找他。
Hǎo, wǒ qù zhǎo tā.

甲：快，就要开演了，你得快一点儿。
Kuài, jiù yào kāiyǎn le, nǐ děi kuài yìdiǎnr.

生词　New Words

1. 附近	（名）	fùjìn	nearby
2. 片子	（名）	piānzi	film
3. 影片	（名）	yǐngpiàn	film
4. 已经	（副）	yǐjīng	already
5. 座位	（名）	zuòwèi	seat
6. 不错	（形）	búcuò	good
7. 排	（量）	pái	row
8. 眼镜	（名）	yǎnjìng	spectacles
9. 越……越……	（副）	yuè… yuè…	the more... the more...
10. 课	（名）	kè	lesson; text
11. 下课	（动）	xià kè	to finish class

补充词语 Supplementary Words and Expressions

1. 银幕 (名)
   yínmù
   screen

2. 纪录片 (名)
   jìlùpiàn
   documentary film

3. 动画片 (名)
   dònghuàpiàn
   cartoon

4. 科教片 (名)
   kējiàopiàn
   scientific and educational film

5. 黑白片 (名)
   hēibáipiàn
   black-and-white film

6. 彩色片 (名)
   cǎisèpiàn
   colour film

7. 翻译片 (名)
   fānyìpiàn
   dubbed film

8. 编剧 (名)
   biānjù
   script writer

9. 宽银幕 (名)
   kuānyínmù
   wide-screen

26 去外地旅行
Travelling Outside Beijing

句子 Sentences

251. **时间过得真快,学习马上就要结束了。**
Shíjiān guò de zhēn kuài, xuéxí mǎshàng jiù yào jiéshù le.
How time flies! The course is coming to an end.

252. **今年夏天你打算去外地旅行吗?**
Jīnnián xiàtiān nǐ dǎsuàn qù wàidì lǚxíng ma?
Are you going to visit any places outside Beijing this summer?

253. **你是不是跟学校旅行团一起去?**
Nǐ shì-bushì gēn xuéxiào lǚxíngtuán yìqǐ qù?
Are you going to go on the school trip?

254. **不,我自己去。**
Bù, wǒ zìjǐ qù.
No, I'm going on my own.

255. **你办了旅行手续没有?**
Nǐ bànle lǚxíng shǒuxù méiyǒu?
Have you gone through all the formalities for your trip?

256. **你必须填写订票单。**
Nǐ bìxū tiánxiě dìngpiàodān.
You've got to fill in the ticket booking form.

257. **你的旅行路线是什么?**
Nǐ de lǚxíng lùxiàn shì shénme?
What is your itinerary?

26 去外地旅行

258. 我准备从北京出发,经过南京、上海,到杭州。
 Wǒ zhǔnbèi cóng Běijīng chūfā, jīngguò Nánjīng, Shànghǎi, dào Hángzhōu.
 I'll be leaving Beijing for Hangzhou, and passing through Nanjing and Shanghai.

259. 这次旅行需要多少天?
 Zhè cì lǚxíng xūyào duōshao tiān?
 How many days will this trip take?

260. 大约需要一个半月。
 Dàyuē xūyào yí ge bàn yuè.
 It will take about one and a half month.

● 替换练习 Substitution Drills

1. 时间过得真快,〔学习〕马上就要结束了。
 假期 / 工作 / 旅行

2. 〔今年夏天〕你打算去外地旅行吗?
 今年秋天 / 今年冬天 / 今年春天 / 假期

3. 你是不是跟〔学校旅行团〕一起去?
 他们 / 安娜 / 法国同学

4. 你办了〔旅行手续〕没有?
 签证 / 护照

5. 我准备从北京出发，经过〔南京、上海〕到〔杭州〕。

武汉 / 洛阳 / 莫斯科 ◎ 桂林 / 重庆 / 巴黎

6. 大约需要〔一个半月〕。

一个多月 / 十天左右

对话① Dialogues

甲：时间过得真快，学习马上就要结束了。
Shíjiān guò de zhēn kuài, xuéxí mǎshàng jiù yào jiéshù le.

乙：今年夏天，你打算去外地旅行吗？
Jīnnián xiàtiān, nǐ dǎsuàn qù wàidì lǚxíng ma?

甲：是的。
Shì de.

乙：你是不是跟学校旅行团一起去？
Nǐ shì-bushì gēn xuéxiào lǚxíngtuán yìqǐ qù?

甲：不，我自己去。
Bù, wǒ zìjǐ qù.

乙：你办了旅行手续没有？
Nǐ bànle lǚxíng shǒuxù méiyǒu?

甲：没有。
Méiyǒu.

26 去外地旅行

乙：你必须填写订票单。
Nǐ bìxū tiánxiě dìngpiàodān.

甲：好的。
Hǎo de.

乙：你的旅行路线是什么？
Nǐde lǚxíng lùxiàn shì shénme?

甲：我准备从北京出发，经过南京、上海、到杭州。
Wǒ zhǔnbèi cóng Běijīng chūfā, jīngguò Nánjīng, Shànghǎi, dào Hángzhōu.

乙：这次旅行需要多少天？
Zhè cì lǚxíng xūyào duōshao tiān?

甲：大约需要一个半月。
Dàyuē xūyào yí gè bàn yuè.

● 对话② Dialogues

甲：假期马上就要到了。
Jiàqī mǎshàng jiù yào dào le.

乙：是的，时间过得真快。
Shì de, shíjiān guò de zhēn kuài.

甲：今年假期你打算做什么？
Jīnnián jiàqī nǐ dǎsuàn zuò shénme?

乙：今年假期我打算去旅行。
Jīnnián jiàqī wǒ dǎsuàn qù lǚxíng.

甲：你自己去吗?
Nǐ zìjǐ qù ma?

乙：不，跟安娜一起去，你呢?
Bù, gēn Ānnà yìqǐ qù, nǐ ne?

甲：我打算自己去。
Wǒ dǎsuàn zìjǐ qù.

乙：你去什么地方?
Nǐ qù shénme dìfang?

甲：我想从伦敦出发，经过莫斯科，到北京。
Wǒ xiǎng cóng Lúndūn chūfā, jīngguò Mòsīkē, dào Běijīng.

乙：你办了旅行手续没有?
Nǐ bànle lǚxíng shǒuxù méiyǒu?

甲：办了。
Bàn le.

乙：你打算什么时候动身?
Nǐ dǎsuàn shénme shíhou dòngshēn?

甲：七月十号。
Qī yuè shí hào.

26 去外地旅行

生词 New Words

1. 快	(形)	kuài	quick
2. 马上	(副)	mǎshàng	at once; soon
3. 结束	(动)	jiéshù	to finish
4. 外地	(名)	wàidì	a place outside where one is
5. 跟……一起		gēn ... yìqǐ	together
6. 旅行团	(名)	lǚxíngtuán	tourist party; travel group
7. 办(理)	(动)	bàn(lǐ)	to go through; to do
8. 手续	(名)	shǒuxù	formalities
9. 必须	(助动)	bìxū	must; ought to
10. 旅游	(动)	lǚyóu	to travel
11. 签证	(名)	qiānzhèng	visa
12. 路线	(名)	lùxiàn	itinerary
13. 经过	(动)	jīngguò	to go through; via
14. 假期	(名)	jiàqī	vacation; holiday
15. 秋天	(名)	qiūtiān	autumn
16. 冬天	(名)	dōngtiān	winter
17. 春天	(名)	chūntiān	spring
18. 护照	(名)	hùzhào	passport
19. 订票单	(名)	dìngpiàodān	ticket booking form

补充词语 Supplementary Words and Expressions

1. 外国留学生入学登记表
   wàiguó liúxuéshēng rùxué dēngjìbiǎo
   foreign students admission form

2. 外国人居留申请表
   wàiguórén jūliú shēnqǐngbiǎo
   foreigner's application form for residence

3. 姓名 (名)
   xìngmíng　　　　name

4. 性别 (名)
   xìngbié　　　　sex

5. 国籍 (名)
   guójí　　　　nationality

6. 出生日期
   chūshēng rìqī　　date of birth

7. 出生地点
   chūshēng dìdiǎn　place of birth

8. 现在住址
   xiànzài zhùzhǐ　　present address

9. 护照号码
   hùzhào hàomǎ　　passport number

10. 旅行地点
    lǚxíng dìdiǎn　　place(s) to be visited

11. 经过地点
    jīngguò dìdiǎn　　via; by way of

12. 偕行人 (名)
    xiéxíngrén　　travelling accompany

13. 申请人 (名)
    shēnqǐngrén　　applicant

27 买火车票
Buying Train Tickets

句子 Sentences

261. 请问，去上海坐哪趟车合适?
　　 Qǐngwèn, qù Shànghǎi zuò nǎ tàng chē héshì?
　　 Which train should I take for Shanghai, please?

262. 您坐13次特快比较合适。
　　 Nín zuò shísān cì tèkuài bǐjiào héshì.
　　 The No.13 Express is the best.

263. 为什么?
　　 Wèi shénme?
　　 Why?

264. 这趟车不但速度快，而且离开北京、到达上海都是白天。
　　 Zhè tàng chē búdàn sùdù kuài, érqiě líkāi Běijīng, dàodá shànghǎi dōushì báitiān.
　　 Well, it is not only faster, but it also leaves Beijing and arrives in Shanghai during the daytime.

265. 车票要预先订购，还是当天买?
　　 Chēpiào yào yùxiān dìnggòu, háishi dàngtiān mǎi?
　　 Should I book the ticket beforehand or can I get it on the day of departure?

266. 都可以。
 Dōu kěyǐ.
 Either will do.

267. 买一张8号到上海的软卧票。
 Mǎi yì zhāng bā hào dào Shànghǎi de ruǎnwòpiào.
 A soft sleeper for Shanghai on the eighth, please.

268. 票的有效期是几天?
 Piào de yǒuxiàoqī shì jǐ tiān?
 For how long is the ticket valid?

269. 我在南京停留一天,可以吗?
 Wǒ zài Nánjīng tíngliú yì tiān, kěyǐ ma?
 Is it possible for me to make a stopover in Nanjing for one day?

270. 可以,你在南京站要签字。
 Kěyǐ, nǐ zài Nánjīngzhàn yào qiānzì.
 Yes, it is. But you have to get the ticket signed at Nanjing Station.

● 替换练习 Substitution Drills

1. 请问,去上海坐〔哪趟车合适〕?
 哪次车合适 / 哪趟班机好

2. 这趟车不但速度快,而且离开北京、到达上海都是〔白天〕。
 黑夜 / 上午 / 下午

3. 车票要〔预先订购〕，还是当天买？
   预订 / 前几天买

4. 买一张8号到上海的〔软卧票〕。
   硬卧票 / 硬席票 / 软席票

5. 我在南京〔停留〕一天，可以吗？
   住 / 待

对话① Dialogues

甲：请问，去上海坐哪趟车合适？
Qǐngwèn, qù Shànghǎi zuò nǎ tàng chē héshì?

乙：您坐13次特快比较合适。
Nín zuò shísān cì tèkuài bǐjiào héshì.

甲：为什么？
Wèi shénme?

乙：这趟车不但速度快，而且离开北京、到达上海都是白天。
Zhè tàng chē búdàn sùdù kuài, érqiě líkāi Běijīng, dàodá Shànghǎi dōushì báitiān.

甲：车票要预先订购，还是当天买？
Chēpiào yào yùxiān dìnggòu, háishi dàngtiān mǎi?

乙：都可以。
Dōu kěyǐ.

甲：我买一张8号到上海的软卧票，多少钱？
Wǒ mǎi yì zhāng bā hào dào Shànghǎi de ruǎnwòpiào, duōshao qián?

乙：499块。
Sìbǎi jiǔshíjiǔ kuài.

甲：票的有效期是几天？
Piào de yǒuxiàoqī shì jǐ tiān?

乙：5天。
Wǔ tiān.

甲：我在南京停留一天，可以吗？
Wǒ zài Nánjīng tíngliú yì tiān, kěyǐ ma?

乙：可以，你在南京站要签字。
Kěyǐ, nǐ zài Nánjīngzhàn yào qiānzì.

甲：谢谢，再见。
Xièxie, zàijiàn.

乙：再见。
Zàijiàn.

对话② Dialogues

甲：劳驾，我要买一张火车票。
Láojià, wǒ yào mǎi yì zhāng huǒchēpiào.

乙：您到哪儿去？
Nín dào nǎr qù?

27 买火车票

甲：我去武汉。
Wǒ qù Wǔhàn.

乙：您买哪次车？
Nín mǎi nǎ cì chē?

甲：我坐哪趟车合适呢？
Wǒ zuò nǎ tàng chē héshì ne?

乙：您坐137次快车吧。
Nín zuò yìbǎi sānshíqī cì kuàichē ba.

甲：有没有特快？
Yǒu-meiyǒu tèkuài?

乙：卖完了。
Màiwán le.

甲：好吧。
Hǎo ba.

乙：您买几号的？
Nín mǎi jǐ hào de?

甲：我买一张12号的硬卧票。
Wǒ mǎi yì zhāng shí'èr hào de yìngwòpiào.

乙：好，271块。
Hǎo, èrbǎi qīshíyī kuài.

甲：请问，这趟车几点开？
Qǐngwèn, zhè tàng chē jǐ diǎn kāi?

乙：下午6点19分。
Xiàwǔ liù diǎn shíjiǔ fēn.

甲：到达武汉是什么时候？
Dàodá Wǔhàn shì shénme shíhou?

乙：第二天下午2点34。
Dì-èr tiān xiàwǔ liǎng diǎn sānshísì.

甲：经过天津吗？
Jīngguò Tiānjīn ma?

乙：不，经过郑州。
Bù, jīngguò Zhèngzhōu.

甲：好，谢谢。
Hǎo, xièxie.

乙：不客气。
Bú kèqi.

生词 New Words

1. 趟	(量)	tàng	(a measure word)
2. 特快	(名)	tèkuài	special express
3. 为什么		wèi shénme	why
4. 不但……而且……	(连)	búdàn… érqiě…	not only ... but also ...
5. 速度	(名)	sùdù	speed
6. 离开	(动)	líkāi	to leave
7. 到达	(动)	dàodá	to reach

8. 白天	(名)	báitiān	daytime
9. 预先	(副)	yùxiān	beforehand
10. 订购	(动)	dìnggòu	to book (tickets)
11. 当天	(名)	dàngtiān	the same day
12. 软卧	(名)	ruǎnwò	soft berth; soft sleeper
13. 有效期	(名)	yǒuxiàoqī	term of validity
14. 停留	(动)	tíngliú	to stop
15. 签字	(动)	qiānzì	to sign
16. 黑夜	(名)	hēiyè	night
17. 硬卧	(名)	yìngwò	hard berth; hard sleeper
18. 硬席	(名)	yìngxí	hard seat
19. 软席	(名)	ruǎnxí	soft seat

● 补充词语 Supplementary Words and Expressions

1. 票价 (名)
piàojià ticket price

2. 站台 (名)
zhàntái platform

3. 列车员 (名)
lièchēyuán conductor; guard

4. 列车长 (名)
lièchēzhǎng head of a train crew

5. 车厢 (名)
chēxiāng carriage

6. 餐车 cānchē	(名)	dining car
7. 火车站 huǒchēzhàn	(名)	railway station
8. 旅客 lǚkè	(名)	passenger
9. 出站口 chūzhànkǒu	(名)	exit
10. 进站口 jìnzhànkǒu	(名)	entrance
11. 检票口 jiǎnpiàokǒu	(名)	barrier
12. 上铺 shàngpù	(名)	upper berth
13. 下铺 xiàpù	(名)	lower berth
14. 中铺 zhōngpù	(名)	middle berth

28 谈学习收获 Talking About What Has Been Learnt

● 句子 Sentences

271. 你们这次在中国，汉语学得怎么样？收获不小吧？
Nǐmen zhè cì zài Zhōngguó, Hànyǔ xué de zěnmeyàng? Shōuhuò bù xiǎo ba?
How did you get along with your Chinese studies during your stay in China? Did you make much progress?

272. 收获很大，我在这儿的时间虽然很短，但是学到不少东西。
Shōuhuò hěn dà, wǒ zài zhèr de shíjiān suīrán hěn duǎn, dànshì xuédào bù shǎo dōngxi.
It was most rewarding. Short as my stay was, I learnt a lot.

273. 你刚来的时候，连一句中国话也不会说。
Nǐ gāng lái de shíhou, lián yí jù Zhōngguóhuà yě bú huì shuō.
When you first came here, you couldn't speak a single word of Chinese.

274. 现在我不仅能听能说，还能看一些简单的中文书。
Xiànzài wǒ bùjǐn néng tīng néng shuō, hái néng kàn yìxiē jiǎndān de Zhōngwénshū.
Now I'm not only able to understand and chat with Chinesenative speakers, but also able to read easy Chinese books.

275. 你的汉语水平提高得很快，能看《人民日报》了吧？
Nǐ de Hànyǔ shuǐpíng tígāo de hěn kuài, néng kàn *Rénmín Rìbào* le ba?
You've made a lot of progress in Chinese. You are able to read the *People's Daily* now, I suppose?

276. 我只能看一般的消息,评论还看不懂。
Wǒ zhǐ néng kàn yìbān de xiāoxi, pínglùn hái kànbudǒng.
I can read some simple news items now, but not the articles.

277. 我在中国期间,还参观游览了很多名胜古迹,认识了不少中国朋友。
Wǒ zài Zhōngguó qījiān, hái cānguān yóulǎnle hěn duō míngshènggǔjì, rènshile bù shǎo Zhōngguó péngyou.
Besides, during my stay in China, I've visited many scenic spots and historical sites, and made a lot of Chinese friends.

278. 我们在一起的时间不长,可是结下了深厚的友谊。
Wǒmen zài yìqǐ de shíjiān bù cháng, kěshì jiéxià le shēnhòu de yǒuyì.
Although our acquaintance has been short, we've established a deep friendship.

279. 我非常感谢老师和中国朋友们对我的帮助。
Wǒ fēicháng gǎnxiè lǎoshī hé Zhōngguó péngyoumen duì wǒ de bāngzhù.
I'm very grateful to my Chinese teachers and friends for their help.

280. 这是我们应该做的。
Zhè shì wǒmen yīnggāi zuò de.
It's been our pleasure.

28 谈学习收获

● 替换练习 Substitution Drills

1. 你们这次在中国，〔汉语学〕得怎么样？收获〔不小〕吧？
   旅行 ／玩儿 ◎ 不少 ／很多

2. 我在这儿的时间虽然〔很短〕，但是学到不少东西。
   不长 ／只有六个星期

3. 你刚来的时候，连〔一句中国话〕也〔不会说〕。
   一个汉字 ／一句中文 ◎ 不认识 ／听不懂

4. 你的〔汉语水平〕提高得很快，能〔看《人民日报》〕了吧？
   阅读能力 ／写作水平 ◎ 看小说 ／写一般文章

5. 我在〔中国〕期间，还参观游览了很多名胜古迹，认识了不少中国朋友。
   学习 ／工作

6. 我非常感谢老师和中国朋友们对我的〔帮助〕。
   关怀 ／招待 ／照顾

对话① Dialogues

甲：六个星期的汉语学习马上就要结束了。
Liù gè xīngqī de Hànyǔ xuéxí mǎshàng jiùyào jiéshù le.

乙：是啊，时间过得真快啊。你们这次在中国汉语学得怎么样？收获不小吧？
Shì a, shíjiān guòde zhēn kuài a. Nǐmen zhè cì zài Zhōngguó, Hànyǔ xué de zěnmeyàng? Shōuhuò bù xiǎo ba?

甲：收获很大，我在这儿的时间虽然很短，但是学到不少东西。
Shōuhuò hěn dà, wǒ zài zhèr de shíjiān suīrán hěn duǎn, dànshì xuédào bù shǎo dōngxi.

乙：你刚来的时候，连一句中国话也不会说。
Nǐ gāng lái de shíhou, lián yí jù Zhōngguóhuà yě bú huì shuō.

甲：是啊，现在我不仅能听能说，还能看一些简单的东西。
Shì a, xiànzài wǒ bùjǐn néng tīng néng shuō, hái néng kàn yìxiē jiǎndān de dōngxi.

乙：你能不能看《人民日报》？
Nǐ néng-bunéng kàn *Rénmín Rìbào*?

甲：《人民日报》，我只能看一般的消息，评论还看不懂。
Rénmín Rìbào, wǒ zhǐ néng kàn yìbān de xiāoxi, pínglùn hái kànbudǒng.

28 谈学习收获

乙：你的汉语水平提高得很快。你在中国期间，除了学习，还干了些什么？
Nǐ de Hànyǔ shuǐpíng tígāo de hěn kuài. Nǐ zài Zhōngguó qījiān, chúle xuéxí, hái gànle xiē shénme?

甲：我还参观游览了很多名胜古迹。
Wǒ hái cānguān yóulǎnle hěn duō míngshèng gǔjì.

乙：你这次在中国，认识不少中国朋友吧？
Nǐ zhè cì zài Zhōngguó, rènshi bù shǎo Zhōngguó péngyou ba?

甲：是的，我认识了不少中国朋友。有教我老师，还有在旅行的时候认识的中国朋友。我们在一起的时间不长，可是结下了深厚的友谊。你呢？
Shì de, wǒ rènshile bù shǎo Zhōngguó péngyou. Yǒu jiāo wǒ de lǎoshī, háiyǒu zài lǚxíng de shíhou rènshi de Zhōngguó péngyou. Wǒmen zài yìqǐ de shíjiān bù cháng, kěshì jiéxiàle shēnhòu de yǒuyì. Nǐ ne?

乙：我也认识了不少中国朋友，我非常感谢他们对我的帮助和照顾。
Wǒ yě rènshile bù shǎo Zhōngguó péngyou, wǒ fēicháng gǎnxiè tāmen duì wǒ de bāngzhù hé zhàogù.

甲：我对他们非常感谢。我跟他们学到不少东西。我刚来的时候，一句中国话也不会说，可是现在，我不仅能说了，而还能看《人民日报》了。
Wǒ duì tāmen fēicháng gǎnxiè. Wǒ gēn tāmen xuédào bù shǎo dōngxi. Wǒ gāng lái de shíhou, yí jù Zhōngguóhuà yě bú huì shuō, kěshì xiànzài, wǒ bùjǐn néng shuō le, érqiě hái néng kàn *Rénmín Rìbào* le.

乙：《人民日报》？上面的评论你也能看吗？
Rénmín Rìbào? Shàngmian de pínglùn nǐ yě néng kàn ma?

甲：评论还看不懂，只能看一般的消息。
Pínglùn hái kànbudǒng, zhǐ néng kàn yìbān de xiāoxi.

乙：我还不能看《人民日报》。你的汉语水平提高得真快啊！
Wǒ hái bù néng kàn Rénmín Rìbào. Nǐ de Hànyǔ shuǐpíng tígāo de zhēn kuài a!

甲：是啊，所以我非常感谢我的老师，可是，他们总是说："这是我们应该做的。"
Shì a, suǒyǐ wǒ fēicháng gǎnxiè wǒ de lǎoshī, kěshì, tāmen zǒngshì shuō: "Zhè shì wǒmen yīnggāi zuò de."

● 生 词　New Words

1. 收获	(名)	shōuhuò	result; reward
2. 虽然	(连)	suīrán	although; though
3. 但是	(连)	dànshì	but; yet
4. 连	(介)	lián	even
5. 句	(量)	jù	sentence
6. 中国话	(名)	Zhōngguóhuà	spoken Chinese
7. 不仅	(连)	bùjǐn	not only
8. 一些	(数量)	yìxiē	some
9. 水平	(名)	shuǐpíng	level

28 谈学习收获

10. 提高	(动)	tígāo	to improve
11. 只	(副)	zhǐ	only
12. 消息	(名)	xiāoxi	news
13. 评论	(名、动)	pínglùn	thesis; essay
14. 可是	(连)	kěshì	but; yet
15. 结	(动)	jié	to establish
16. 深厚	(形)	shēnhòu	profound; deep
17. 感谢	(动)	gǎnxiè	to thank
18. 应该	(助动)	yīnggāi	should; ought to
19. 阅读	(动)	yuèdú	to read
20. 能力	(名)	nénglì	ability; capacity
21. 写作	(动)	xiězuò	writing
22. 文章	(名)	wénzhāng	essay; article
23. 关怀	(动、名)	guānhuái	to show solicitude for; concern for
24. 招待	(动、名)	zhāodài	to entertain; treatment
25. 照顾	(动)	zhàogu	to look after; to care for
26. 教	(动)	jiāo	to teach
27. 总是	(副)	zǒngshì	always
28. 所以	(连)	suǒyǐ	so; therefore

195

● **补充词语** Supplementary Words and Expressions

1. 有很大的收获
   yǒu hěn dà de shōuhuò   most rewarding

2. 进步很大
   jìnbù hěn dà   to make much progress

3. 提高很多
   tígāo hěn duō   to improve a lot

4. 交了很多朋友
   jiāole hěn duō péngyou   have made many friends

5. 中国给我留下了很深的印象。
   Zhōngguó gěi wǒ liúxiàle hěn shēn de yìnxiàng.
   China has left a deep impression on me.

6. 我永远不会忘记。
   Wǒ yǒngyuǎn bú huì wàngjì.   I'll never forget it.

29 收拾行装 Packing Up

● 句子 Sentences

281. 您动身的日期是不是定下来了?
Nín dòngshēn de rìqī shì-bushì dìngxiàlái le?
Have you fixed a date for your departure?

282. 您的东西收拾好了吗?
Nín de dōngxi shōushi hǎo le ma?
Have you finished packing up your things?

283. 我正在收拾,东西很多,看来随身带不了了。
Wǒ zhèngzài shōushi, dōngxi hěn duō, kànlái suíshēn dàibuliǎo le.
I'm just in the middle of packing now. I've got so many things that it seems I can't take all of them with me.

284. 您把那些怕压的物品包好,随身携带,其他东西办理托运吧。
Nín bǎ nàxiē pà yā de wùpǐn bāohǎo, suíshēn xiédài, qítā dōngxi bànlǐ tuōyùn ba.
You'd better wrap the fragile things up carefully and carry them with you, and then consign the rest of your luggage for shipment.

285. 还有什么事情需要我帮忙的吗?
Háiyǒu shénme shìqing xūyào wǒ bāngmáng de ma?
Is there anything else that I can do for you?

286. 没有什么了，该办的都办得差不多了。
Méiyǒu shénme le, gāi bàn de dōu bàn de chàbuduō le.
Not at the moment. I've almost done everything that needs to be done.

287. 您手头上的人民币，如果花不完的话，我给您换成欧元吧。
Nín shǒutóu shang de Rénmínbì, rúguǒ huābuwán de huà, wǒ gěi nín huànchéng Ōuyuán ba.
Let me change your Renminbi into euros for you if you have any left.

288. 太麻烦您了，您想得太周到了。
Tài máfan nín le, nín xiǎng de tài zhōudào le.
Sorry to trouble you. You are very thoughtful indeed.

289. 明天早晨我提前二十分钟来送您。
Míngtiān zǎochen wǒ tíqián èrshí fēnzhōng lái sòng nín.
Tomorrow morning I'll come to see you off twenty minutes before you leave.

290. 还有什么事情要办，请随时打电话告诉我。
Háiyǒu shénme shìqing yào bàn, qǐng suíshí dǎ diànhuà gàosu wǒ.
You may give me a ring at any time if you need to get anything else done.

29 收拾行装

● 替换练习 Substitution Drills

1. 您〔动身〕的日期是不是定下来了？
   离开北京 / 走 / 回国 / 出发

2. 您的〔东西〕收拾好了吗？
   行李 / 衣服和书籍

3. 我正在〔收拾〕，东西很多，看来随身带不了了。
   整理 / 装箱子

4. 您把那些怕〔压〕的物品包好，随身携带，其他东西办理托运吧。
   碰 / 磕

5. 还有什么事情需要我〔帮忙的〕吗？
   帮你办的 / 替你办的

6. 没有什么了，〔该办的都办〕得差不多了。
   该收拾的都收拾 / 应该整理的都整理 / 需要弄的都弄

7. 你手头上的人民币，如果〔花不完〕的话，我给你换成欧元吧。
   用不完 / 还有

8. 明天早晨我提前〔二十分钟来〕送您。
   半小时去车站 / 十分钟去机场

对话① Dialogues

甲：您动身的日期是不是定下来了？
Nín dòngshēn de rìqī shì-bushì dìngxiàlai le?

乙：定下来了，明天早晨八点离开北京。
Dìngxiàlái le, míngtiān zǎochen bā diǎn líkāi Běijīng.

甲：您的东西收拾好了吗？
Nín de dōngxi shōushi hǎo le ma?

乙：我正在收拾，东西很多，看来随身带不了了。
Wǒ zhènzài shōushi, dōngxi hěn duō, kànlái suíshēn dàibuliǎo le.

甲：您把那些怕压的物品包好，随身携带，其他东西办理托运吧。
Nín bǎ nàxiē pà yā de wùpǐn bāohǎo, suíshēn xiédài, qítā dōngxi bànlǐ tuōyùn ba.

乙：我也是这样想。
Wǒ yě shì zhèyàng xiǎng.

甲：还有什么事情需要我帮忙吗？
Háiyǒu shénme shìqing xūyào wǒ bāngmáng ma?

乙：没有什么了，该办的都办得差不多了。
Méiyǒu shénme le, gāi bàn de dōu bàn de chàbuduō le.

甲：好，您手头上的人民币，如果花不完的话，我给您换成欧元吧。
Hǎo, nín shǒutóu shang de Rénmínbì, rúguǒ huābuwán de huà, wǒ gěi nín huànchéng Ōuyuán ba.

乙：谢谢，太麻烦您了，您想得太周到了。
Xièxie, tài máfan nín le, nín xiǎng de tài zhōudào le.

甲：不用客气，还有别的事情吗？
Búyòng kèqi, háiyǒu bié de shìqing ma?

乙：没有了。
Méiyǒu le.

甲：明天早晨我提前20分钟来送您。
Míngtiān zǎochén wǒ tíqián èrshí fēnzhōng lái sòng nín.

乙：谢谢您。
Xièxie nín.

甲：还有什么事要办，请随时打电话告诉我。
Háiyǒu shénme shì yào bàn, qǐng suíshí dǎ diànhuà gàosu wǒ.

乙：谢谢。
Xièxie.

甲：再见。
Zàijiàn.

乙：再见。
Zàijiàn.

对话② Dialogues

甲：你什么时候离开北京？
Nǐ shénme shíhou líkāi Běijīng?

乙：我的动身日期还没有定下来。
Wǒ de dòngshēn rìqī hái méiyou dìngxiàlái.

甲：你坐火车走还是坐飞机走？
Nǐ zuò huǒchē zǒu háishi zuò fēijī zǒu?

乙：我本来想坐飞机，可是我想去广州玩儿玩儿。现在我坐火车走。
Wǒ běnlái xiǎng zuò fēijī, kěshì wǒ xiǎng qù Guǎngzhōu wánrwanr. Xiànzài wǒ zuò huǒchē zǒu.

甲：你买车票了吗？
Nǐ mǎi chēpiào le ma?

乙：我想明天去买。
Wǒ xiǎng míngtiān qù mǎi.

甲：你的东西收拾了没有？
Nǐ de dōngxi shōushi le méiyou?

乙：我正在收拾，东西太多，我忙极了。
Wǒ zhèngzài shōushi, dōngxi tài duō, wǒ máng jí le.

甲：有什么事情需要我帮忙吗？
Yǒu shénme shìqing xūyào wǒ bāngmáng ma?

乙：我手头上还有100元人民币，看来花不完了。请您给我换成欧元吧。
Wǒ shǒutóu shang háiyǒu yìbǎi yuán Rénmínbì, kànlái huābuwán le. Qǐng nín gěi wǒ huànchéng Ōuyuán ba.

甲：好的，我下午就去换。还有别的事情吗？
Hǎo de, wǒ xiàwǔ jiù qù huàn. Háiyǒu biéde shìqing ma?

乙：没有了，谢谢。
Méiyǒu le, xièxie.

甲：你把那些怕压的物品包好，自己随身携带，其他东西办理托运吧。
Nǐ bǎ nàxiē pà yā de wùpǐn bāohǎo, zìjǐ suíshēn xiédài, qítā dōngxi bànlǐ tuōyùn ba.

乙：好的，你想得太周到了。
Hǎo de, nǐ xiǎng de tài zhōudào le.

甲：我走了，你有什么事情，请打电话告诉我。
Wǒ zǒu le, nǐ yǒu shénme shìqing, qǐng dǎ diànhuà gàosu wǒ.

乙：谢谢，再见。
Xièxie, zàijiàn.

甲：再见。
Zàijiàn.

生词　New Words

1. 日期	（名）	rìqī	date
2. 定	（动）	dìng	to fix
3. 收拾	（动）	shōushi	to pack up one's things
4. 看来	（动）	kànlái	to seem
5. 随身	（形）	suíshēn	(to take things) with oneself
6. 了	（动）	liǎo	(used after a verb a complement)

7. 那些	(代)	nàxiē	those
8. 怕	(动)	pà	to fear
9. 压	(动)	yā	to press
10. 物品	(名)	wùpǐn	things; articles
11. 包	(动)	bāo	to wrap
12. 携带	(动)	xiédài	to take along; to carry
13. 其他	(代)	qítā	the rest
14. 托运	(动)	tuōyùn	to consign for shipment; to check
15. 事情	(名)	shìqing	thing
16. 需要	(动)	xūyào	to need
17. 差不多	(副)	chàbuduō	nearly; almost
18. 手头上		shǒutóu shang	right beside oneself
19. 如果	(连)	rúguǒ	if
20. 花	(动)	huā	to spend
21. ……的话		... de huà	if
22. 周到	(形)	zhōudào	thoughtful
23. 提前	(动)	tíqián	ahead of time
24. 送	(动)	sòng	to see off
25. 随时	(副)	suíshí	at any time
26. 行李	(名)	xíngli	luggage
27. 书籍	(名)	shūjí	books
28. 整理	(动)	zhěnglǐ	to pack up; to put in order
29. 装	(动)	zhuāng	to load; to put into

30. 箱子	(名)	xiāngzi	suitcase
31. 怕碰		pà pèng	fragile
32. 磕	(动)	kē	to knock against sth. hard

补充词语 Supplementary Words and Expressions

1. 手提包　　　　(名)
   shǒutíbāo　　　handbag

2. 机票　　　　　(名)
   jīpiào　　　　　air ticket

3. 登机证　　　　(名)
   dēngjīzhèng　　boarding pass

4. 行李卡片
   xíngli kǎpiàn　　luggage tag

5. 办理托运手续
   bànlǐ tuōyùn shǒuxù　　to go through consignment formalities

6. 办理签证和海关手续
   bànlǐ qiānzhèng hé hǎiguān shǒuxù
   to go through visa and customs formalities

7. 火车晚点一个小时。
   Huǒchē wǎndiǎn yí ge xiǎoshí　The train was an hour late.

8. 提前半个小时动身
   tíqián bàn gè xiǎoshí dòngshēn
   to set out half an hour earlier

30 机场送行 Seeing Someone Off at the Airport

句子 Sentences

291. 您在百忙之中来送我，使我非常感动。
Nín zài bǎimáng zhī zhōng lái sòng wǒ, shǐ wǒ fēicháng gǎndòng.
You've come to see me off though you are very busy. I'm deeply moved.

292. 一切手续都办好了没有？
Yíqiè shǒuxù dōu bànhǎo le méiyou?
Have you gone through all the formalities?

293. 两个月来，我们照顾得不周，活动安排也有很多不到之处，请您多多原谅。
Liǎng gè yuè lái, wǒmen zhàogu de bùzhōu, huódòng ānpái yě yǒu hěn duō búdào zhī chù, qǐng nín duōduō yuánliàng.
In the past two months we didn't look after you well enough, and our arrangements were far from perfect. I hope you'll excuse us.

294. 我在这儿生活得非常愉快，既学了汉语，又游览了许多名胜古迹，我真舍不得离开啊。
Wǒ zài zhèr shēnghuóde fēicháng yúkuài, jì xuéle Hànyǔ, yòu yóulǎnle xǔduō míngshèng gǔjì, wǒ zhēn shěbude líkāi a.
I've had a very good time here. I've learnt Chinese, and visited many scenic spots and historical sites. I feel very sorry to leave.

30 机场送行

295. 我希望以后您能有机会再来中国看看。
Wǒ xīwàng yǐhòu nín néng yǒu jīhuì zài lái Zhōngguó kànkan.
I hope you'll have another opportunity to visit China in the future.

296. 我相信我们一定会再见面的。
Wǒ xiāngxìn wǒmen yídìng huì zài jiànmiàn de.
I sure we'll meet again.

297. 请您常常来信。
Qǐng nín chángcháng lái xìn.
Please write to us often.

298. 开始登机了，请您准备上飞机吧！
Kāishǐ dēngjī le, qǐng nín zhǔnbèi shàng fēijī ba!
Boarding is starting now, please get ready to board.

299. 祝您一路平安！
Zhù nín yí lù píng'ān!
Have a pleasant journey!

300. 请向您家里人问候！
Qǐng xiàng nín jiāli rén wènhòu!
Please give my regards to your family!

● 替换练习 Substitution Drills

1. 您在百忙之中来送我,使我非常〔感动〕。
   不安

2. 〔一切〕手续都办好了没有?
   海关和托运

3. 我在这儿生活得非常愉快,既学了汉语,又〔游览了许多名胜古迹〕,我真舍不得离开啊。
   认识了不少朋友 / 了解了中国

4. 我希望以后您能有机会〔再来中国〕看看。
   再去北京 / 到巴黎来

5. 〔飞机〕就要〔起飞〕了,请您准备〔上飞机〕吧!
   火车 / 轮船 ◉ 开 / 起航 ◉ 上车 / 上船

6. 祝您〔一路平安〕!
   工作顺利 / 旅途愉快 / 身体健康

7. 向〔您家里人〕问〔候〕!
   你父亲 / 你爱人 ◉ 好

机场送行

对话① Dialogues

甲：您在百忙之中来送我，使我非常感动。
Nín zài bǎimáng zhī zhōng lái sòng wǒ, shǐ wǒ fēicháng gǎndòng.

乙：一切手续都办好了没有？
Yíqiè shǒuxù dōu bànhǎo le méiyou?

甲：都办好了。
Dōu bànhǎo le.

乙：两个月来，我们照顾得不周，活动安排也有很多不到之处，请您多多原谅。
Liǎng gè yuè lái, wǒmen zhàogù de bùzhōu, huódòng ānpái yě yǒu hěn duō búdào zhī chù, qǐng nín duōduō yuánliàng.

甲：您太客气了，我在这儿生活得非常愉快，既学习了汉语，又游览了很多名胜古迹，我真舍不得离开啊。
Nín tài kèqi le, wǒ zài zhèr shēnghuó de fēicháng yúkuài, jì xuéxíle Hànyǔ, yòu yóulǎnle hěn duō míngshèng gǔjì, wǒ zhēn shěbude líkāi a.

乙：我希望以后您能有机会再来中国。
Wǒ xīwàng yǐhòu nín néng yǒu jīhuì zài lái Zhōngguó.

甲：我相信我们一定会再见面的。
Wǒ xiāngxìn wǒmen yídìng huì zài jiànmiàn de.

乙：请您常常来信。
Qǐng nín chángcháng lái xìn.

甲：我一定给您写信。
Wǒ yídìng gěi nín xiě xìn.

乙：开始登机了，您准备上飞机吧。
Kāishǐ dēngjī le, nín zhǔnbèi shàng fēijī ba.

甲：好。
Hǎo.

乙：祝您一路平安！
Zhù nín yílù píng'ān!

甲：谢谢。
Xièxie.

乙：请向您家里人问候！
Qǐng xiàng nín jiāli rén wènhòu!

甲：谢谢，再见。
Xièxie, zàijiàn.

乙：再见。
Zàijiàn.

● 对话② Dialogues

甲：您这样忙，还来送我，使我非常不安。
Nín zhèyàng máng, hái lái sòng wǒ, shǐ wǒ fēicháng bù'ān.

乙：一切手续都办好了吗？
Yíqiè shǒuxù dōu bànhǎo le ma?

甲：一切手续都办好了，就等着上飞机了。
Yíqiè shǒuxù dōu bànhǎo le, jiù děngzhe shàng fēijī le.

30 机场送行

乙：几个月来，您生活得怎么样？
Jǐ ge yuè lái, nín shēnghuó de zěnmeyàng?

甲：太好了，我生活得非常愉快。
Tài hǎo le, wǒ shēnghuó de fēicháng yúkuài.

乙：我们照顾得很不周，希望您多多原谅。
Wǒmen zhàogù de hěn bùzhōu, xīwàng nín duōduō yuánliàng.

甲：您太客气了，我希望以后能在我们国家见到您。
Nín tái kèqi le, wǒ xīwàng yǐhòu néng zài wǒmen guójiā jiàndào nín.

乙：我相信我们一定会再见面的。您有什么事情，请写信告诉我。
Wǒ xiānxìn wǒmen yídìng huì zài jiànmiàn de. Nín yǒu shénme shìqing, qǐng xiě xìn gàosu wǒ.

甲：我一定给您写信。
Wǒ yídìng gěi nín xiě xìn.

乙：快八点了，准备上飞机吧。
Kuài bā diǎn le, zhǔnbèi shàng fēijī ba.

甲：你们都请回吧。
Nǐmen dōu qǐng huí ba.

乙：祝您旅途愉快！
Zhù nín lǚtú yúkuài!

甲：谢谢。
Xièxie.

乙：向您的父亲、母亲问好！
Xiàng nín de fùqin, mǔqin wènhǎo!

甲：谢谢。
Xièxie.

乙：再见。
Zàijiàn.

甲：再见。
Zàijiàn.

生词　New Words

1. 送行	(动)	sòngxíng	to see off
2. 百忙	(名)	bǎimáng	extremely busy
3. ……之中		…zhī zhōng	among; in
4. 使	(动)	shǐ	to cause; to make
5. 感动	(动)	gǎndòng	to move; to touch
6. 一切	(代)	yíqiè	everything
7. ……来		…lái	since
8. 不周	(形)	bùzhōu	not thoughtful; not well enough
9. 活动	(名)	huódòng	activity
10. 安排	(动)	ānpái	to arrange
11. 不到		búdào	unsatisfactory; overlooked
12. 之	(助)	zhī	of

13. 处	(名)	chù	place; part
14. 原谅	(动)	yuánliàng	to excuse; to forgive
15. 愉快	(形)	yúkuài	pleasant; happy
16. 既……又……		jì…yòu…	both ... and ...
17. 舍不得	(动)	shěbude	to hate to part with sth.; to feel sorry to (leave)
18. 希望	(动)	xīwàng	to hope
19. 相信	(动)	xiāngxìn	to believe
20. 面	(名)	miàn	face
21. 快要……了		kuàiyào...le	to be going to ...; soon
22. 祝	(动)	zhù	to wish
23. 一路	(名)	yílù	all the way
24. 平安	(形)	píng'ān	safe
25. 向	(介)	xiàng	towards
26. 问候	(动)	wènhòu	to pass on regards; to ask after
27. 不安	(形)	bù'ān	sorry; uneasy
28. 了解	(动)	liǎojiě	to understand; to find out
29. 轮船	(名)	lúnchuán	steamship
30. 起航	(动)	qǐháng	to set sail
31. 顺利	(形)	shùnlì	smooth; favourable
32. 身体	(名)	shēntǐ	body
33. 健康	(形)	jiànkāng	healthy
34. 旅途	(名)	lǚtú	journey

补充词语 Supplementary Words and Expressions

1. 包涵 (动)
   bāohán
   to excuse

2. 提 (动)
   tí
   to make (a criticism)

3. 意见 (名)
   yìjiàn
   comment; criticism

4. 一路顺风
   yílù shùnfēng
   Have a good journey.

5. 一路多保重
   yílù duō bǎozhòng
   Take care of yourself on the journey.

·图书推荐·
Higlights

"脱口说汉语"系列(共10册)
Talk Chinese Series (10 volumes)

汉英 Chinese-English edition
130×184mm

出行口语
Travel Talk
ISBN 9787802003781
180pp, ¥36.00

交际口语
Communicative Talk
ISBN 9787802002265
256pp, ¥35.00

校园口语
Campus Talk
ISBN 9787802002234
323pp, ¥38.00

运动口语
Sports Talk
ISBN 9787802002326
342pp, ¥39.80

购物口语
Shopping Talk
ISBN 9787802003774
195pp, ¥36.00

IT 口语
IT Talk
ISBN 9787802002258
213pp, ¥32.00

生活口语
Daily Life Talk
ISBN 9787802003811
171pp, ¥36.00

应急口语
Emergency Talk
ISBN 9787802002241
213pp, ¥32.00

休闲口语
Leisure Talk
ISBN 9787802003798
201pp, ¥36.00

职场口语
Office Talk
ISBN 9787802003804
155pp, ¥29.90

For more information, visit us at www.sinolingua.com.cn
Email: hyjx@sinolingua.com.cn, **Tel:** 0086-10-68320585,68329621

责任编辑：任　蕾
英文编辑：韩芙芸
封面设计：古　手
印刷监制：佟汉东

图书再版编目（CIP）数据

汉语300句：汉英对照/北京语言大学编．一修订本．北京：华语教学出版社，2008
ISBN 978-7-80200-396-5

Ⅰ．汉… Ⅱ．北… Ⅲ．汉语－口语－对外汉语教学－教材
Ⅳ．H195.4

中国版本图书馆CIP数据核字(2008)第002929号

汉语300句
*
©华语教学出版社
华语教学出版社出版
（中国北京百万庄大街24号　邮政编码 100037）
电话：(86) 10-68320585
传真：(86) 10-68326333
网址：www.sinolingua.com.cn
电子信箱：hyjx@sinolingua.com.cn
北京松源印刷有限公司印刷
1984年（大32开）第一版
2010年第四版第一次印刷
（汉英）
ISBN 978-7-80200-396-5
定价：42.00元